Richard M. Barry

Das Gebet der Hirten

Über den Autor

Richard M. Barry ist Autor, Verleger, Erfinder und Unternehmer. Er schrieb *Das Gebet der Hirten*, weil er sich auf die Spur der unerzählten Geschichte der Hirten zu Bethlehem machen wollte. Neun Jahre hat er gebraucht, um das kleine Meisterwerk zu vollenden.

www.shepherdsprayer.com

Richard M. Barry

Das Gebet der Hirten

Eine Weihnachtserzählung

Aus dem Englischen von Eva Weyandt

GerthMedien

Dieses Buch ist den Hirten von Bethlehem gewidmet, die, wie ich finde, die vielleicht größten unbesungenen Helden der Bibel sind.

— Prolog —

Lydia hatte Mühe, sich im Sattel zu halten. Das Pferd galoppierte in rasendem Tempo durch die dunkle, wenig einladende Wildnis Judäas, wich Dornenbüschen aus und sprang über andere Hindernisse in seinem Weg hinweg. Sie versuchte zu erkennen, ob die Meuchelmörder hinter ihr her waren, doch als sie über ihre Schulter nach hinten schaute, wäre sie beinahe heruntergestürzt, als das Tier aus dem Tritt kam. Noch fester drückte sie das Baby, das sie im Arm hielt, an sich.

Ihre Gedanken wirbelten wild durcheinander. Die Schreckensschreie der verzweifelten Mütter und Väter und das Röcheln ihrer sterbenden Kinder klangen ihr noch in den Ohren. Die entsetzliche Szene ließ sie einfach nicht los. Sie versuchte zu begreifen, was dort in der friedlichen kleinen Stadt Bethlehem, in der sie wohnte, vor sich ging.

Ihr Mutterinstinkt hatte sie getrieben, so schnell wie möglich die Flucht zu ergreifen, wenn sie das Leben ihres Sohnes retten wollte. Und darum grub sie ihre Fersen noch fester in die Flanken des Pferdes und trieb das arme Tier an, in dem rasenden Tempo weiterzugaloppieren. So fest sie konnte, drückte sie ihr Baby an sich. Mit ihrer freien Hand klammerte sie sich am Sattel fest.

Das Pferd keuchte schwer; feuchter Atem stieg aus seinen Nüstern auf. Das Gestrüpp der Wüste riss an Lydias Nachtgewand und schnitt in ihre Haut, während das Pferd über das unbekannte Gelände galoppierte. Bisher hatte sie noch nie auf einem Pferd gesessen, nur Esel geritten, und sie unternahm erst gar nicht den Versuch, es lenken zu wollen. Die Nacht war dunkel; sie konnte sowieso nicht sehen, wohin sie unterwegs waren. Sie wusste nur, dass sie Bethlehem und die Schreie ihrer Nachbarn so schnell wie möglich hinter sich lassen wollte.

Das erschöpfte Pferd wurde langsamer und verfiel in ein ungleichmäßiges Traben, versuchte vergeblich, zu Atem zu kommen. Jetzt gelang es Lydia endlich, sich umzudrehen und nachzusehen, ob ihre Verfolger ihr auf den Fersen waren, aber es war zu dunkel. Sie konnte nichts erkennen. Plötzlich taumelte das Pferd seitlich einen steilen Abhang hinunter, und Lydia hatte Mühe, sich im Sattel zu halten. Auf dem steinigen Grund eines ausgetrockneten Bachbettes brach das Pferd schließlich zusammen. Lydia schlug hart auf dem Boden auf. Ihre Hand umklammerte nach wie vor den Sattel. Ein scharfer Schmerz schoss durch ihr Bein, durchzuckte ihren Geist, und dann wurde alles dunkel um sie.

Als sie wieder erwachte, dachte Lydia für einen kurzen Moment, sie hätte in ihrem Bett geschlafen, und alles sei nur ein schrecklicher Traum gewesen. Doch als sie ihre Umgebung langsam wieder wahrnehmen konnte, wurde ihr klar, dass dies kein Traum war. Ihre Glieder waren taub vor Kälte, und in ihrem Bein, das unter dem gestürzten Tier eingeklemmt war, hatte sie kein Gefühl mehr. Das Pferd rührte sich nicht mehr. Lydia blieb reglos unter dem dunklen, mondlosen Himmel liegen und versuchte, sich klar zu werden über ihre schlimme Lage.

Sie würde sterben. In ihrem Zustand würde sie die Nacht nicht überleben.

„Mein Baby!“ Panik erfasste sie, als sie an ihren kleinen Sohn dachte. Sie tastete in der Dunkelheit nach ihm. Er lag neben ihr, immer noch fest in das Lammfell eingewickelt. Lydia zog den Zipfel der Felldecke von seinem Gesicht und atmete erleichtert auf, als sie seinen Schrei hörte. Er schien unverletzt zu sein und sie murmelte ein Dankgebet. Doch bei dem Gedanken, dass auch er den Elementen vermutlich zum Opfer fallen würde, bevor er gefunden würde, konnte sie ihre Tränen nicht mehr zurückhalten.

Mit letzter Kraft drückte Lydia das Baby an ihre Brust, um es vor dem Wind und der beißenden Kälte in der Wüste zu schützen. Liebevoll strich sie über sein Gesicht und flüsterte: „Mein süßes Baby.“ Unter Tränen betete sie: „Oh, Herr, ich gebe dir meinen Sohn. Gebrauche ihn, wie du willst, aber bitte, lass ihn am Leben bleiben. Bitte Herr … rette mein Kind.“

— Kapitel 1 —

Anam saß mit der Familie zusammen und wünschte sich, er könnte fröhlicher sein. Doch diese Feier machte ihm wieder neu bewusst, dass er nicht dazugehörte. Sein Vater hatte den Platz am Kopfende des Tisches. Anam bemerkte das Funkeln in seinen Augen, als Micha stolz den Blick über seine große Familie wandern ließ, die sich um den Tisch versammelt hatte. Sie waren eine ansehnliche Gruppe. Seine Söhne waren groß und stark. Die älteren unter ihnen hatten sich schon Frauen genommen. Sie saßen an ihrer Seite, daneben seine große Enkelschar.

Sie feierten die Verlobung von Anams jüngerem Bruder, des sechzehn Jahre alten Johannes. Er würde bald heiraten. Micha hatte die Heirat mit einem seiner Geschäftspartner arrangiert. Diese Verbindung seines Sohnes mit der vierzehnjährigen Tochter des Mannes würde sich positiv auf die Geschäfte beider Kaufleute auswirken.

Damit war Anam der einzige Mann am Tisch, der noch keine Frau hatte, obwohl er schon fast dreißig war. Diese Erkenntnis gab ihm noch mehr als sonst das Gefühl, hier fehl am Platze zu sein. Er war mit den anderen nicht blutsverwandt, doch für Michas Söhne war er wie ein Bruder. Und Micha hatte für ihn immer gesorgt wie für seine eigenen Kinder. Doch diese Feier machte ihm wieder einmal bewusst, dass er nicht wirklich dazugehörte. Das stimmte ihn traurig.

Der älteste Sohn Aaron wandte sich seinem weißbärtigen Vater zu.

„Wirst du dem Jungen einen Segen geben?“ Er zwinkerte seinem jüngsten Bruder zu. „Wenn er in Kürze heiratet, wird er alle Hilfe brauchen können, die er bekommen kann!“

Die Brüder brachen in brüllendes Gelächter aus. Ihre Frauen verdrehten die Augen und lächelten sittsam, wie es von ihnen erwartet wurde. Die Kinder stimmten in das Gelächter der Erwachsenen ein, obwohl sie den Witz nicht richtig verstanden hatten. Anam fand das gar nicht lustig, aber er liebte das Lachen der Kinder. Sie waren immer so unbekümmert und versteckten ihre Gefühle nicht. Beinahe beneidete er sie darum.

Micha erhob sich an seinem Platz am Kopfende des Tisches. Seine geliebte Frau Miriam war vier Jahre zuvor gestorben, und er bestand darauf, dass zur Erinnerung ihr Platz an seiner Seite leer blieb. Seine Söhne hatten ihn bedrängt, noch einmal zu heiraten, aber der alte Mann hatte kein Interesse an einer anderen Frau.

Der Patriarch ließ den Blick über seine Familie gleiten, dann wandte er den Blick zum Himmel.

„Wir flehen dich an, oh Jahwe, Schöpfer des Himmels und der Erde, dass du deinen Segen über Johannes kommen lässt. Segne die Verbindung, die er eingehen wird. Schenke ihm Kinder und lass ihm die Güte des Himmels zuteilwerden."

Alle neigten die Köpfe und sprachen wie mit einer Stimme ein feierliches „Amen".

Die Frauen machten sich anschließend sofort an die Arbeit und trugen die Schüsseln mit dem Essen auf. Der Duft von frisch gebackenem Brot und gebratenem Fleisch erfüllte den Raum. Micha hatte angeordnet, das gemästete Kalb zu schlachten. Das kam jetzt auf den

Tisch, dazu ein gebratenes Lamm, gekochtes Gemüse, Brot und Wein.

Anam freute sich, dass sein Bruder bald heiraten und eine Familie gründen würde. Er wünschte Johannes wirklich nur das Beste. Aber seine Stimmung war gedämpft. Schweigend konzentrierte er sich auf sein Essen und hielt sich zurück, ganz im Gegensatz zu den Brüdern, die wie üblich sehr laut waren. Jakob, der zweitälteste Bruder, trank gerade seinen dritten Becher Wein leer und schenkte sich nach. Seine Frau flüsterte ihm etwas zu. Jakob schüttelte abwehrend den Kopf und wandte sich an Anam.

„Du hast es gut, mein Bester."

„Wie meinst du das?", erwiderte Anam verwirrt.

„Du hast keine Frau, die an dir herumnörgelt und dir vorschreiben will, wie viel du trinken darfst!" Er schlug Anam auf den Rücken und seine Brüder lachten.

„Darauf trinke ich", sagte Aaron.

Anam erhaschte den Ausdruck auf dem Gesicht seines mitfühlenden Vaters. Micha suchte den Blickkontakt mit seinem adoptierten Sohn. Die tiefen Falten um die Augen des alten Mannes sprachen für sich. Er schien Anams Schmerz zu fühlen, aber er würde ihn nicht in Verlegenheit bringen und hier am Tisch darüber sprechen. Das half Anam, den Rest des Abendessens zu überstehen, ohne seinen Brüdern gegenüber ausfällig zu werden. Sie hatten ja keine Ahnung, wie sehr ihre gutmütigen Neckereien ihn verletzten.

Nach dem Essen schlüpfte Anam unbemerkt nach draußen und wanderte durch die Felder. In der Ferne versank die Sonne gerade hinter den Bergen. Er zog seinen Umhang fester um sich. Der Abend war kühl.

„Du bist der lebendige Gott", sagte er laut in die einbrechende Dunkelheit. „Ich brauche deine Führung. Das kann nicht mein Schicksal sein für den Rest meines Lebens. Es muss mehr geben. Bitte zeige es mir."

Er lauschte auf den Wind, der leise in den Bäumen raschelte. Ein schwaches Flüstern drang an sein Ohr. Ob es nun tatsächlich hörbar war oder nicht, konnte er nicht sagen. Doch es war eine Stimme … und sie sagte ihm, dass die Zeit gekommen sei, zu Micha, seinem Vater, zu gehen und ihm sein Herz auszuschütten.

— Kapitel 2 —

Der Abend schritt voran und das Fest neigte sich seinem Ende zu. Die Kinder schliefen zuerst ein, dann ihre Väter (die viel zu viel Wein getrunken hatten). Ihre Frauen gesellten sich pflichtschuldigst zu ihnen, nachdem sie die Reste des Festmahls aufgeräumt und weggepackt hatten.

Anam jedoch hatte nicht die Absicht, schon schlafen zu gehen. Er spürte die Hand Gottes auf seiner Schulter, die ihn drängte, offen mit seinem Vater zu sprechen – von Mann zu Mann. Jetzt gab es kein Zurück mehr. Anam nahm all seinen Mut zusammen und ging ins Haus zurück. Der süße Duft des abendlichen Festmahls hing noch in der Luft, als er sich leise zu den Privaträumen seines Vater begab, sorgsam darauf bedacht, keinen der anderen aufzuwecken.

Ein gedämpfter Lichtschein drang unter der geschlossenen Tür hindurch. *Er liest vermutlich noch. Vielleicht sollte ich ihn doch lieber nicht stören*, redete Anam sich ein. Er wandte sich um und wollte schon weggehen, doch irgendetwas hielt ihn auf. *Nein! Ich muss das jetzt tun,* entschloss er sich.

Leise klopfte er an die Tür. Schlurfende Schritte ertönten und Micha öffnete die Tür.

„Anam", sagte er, „ich dachte, du wärst wie die anderen bereits zu Bett gegangen."

„Ich konnte nicht schlafen, Vater."

Micha zog ihn ins Zimmer und schloss die Tür. „Also", sagte er, „erzähle mir, was dich bedrückt."

Woher weiß er, dass mich etwas bedrückt? Es scheint mir im Gesicht zu stehen. Manchmal kann dieser Mann wirklich in mich hineinsehen! Anams Blick wanderte zu den großen Pergamentrollen, die auf dem Tisch neben Michas Bett ausgebreitet lagen, unter dem gedämpften Schein einer Lampe. „Du hast in den heiligen Schriften gelesen, Vater. Entschuldige bitte, dass ich dich störe."

Der alte Mann lächelte und ließ sich auf den Stuhl neben seinem Bett sinken.

„Um ehrlich zu sein, ich brauchte diese Unterbrechung. Was ich gelesen habe, war … nun, sagen wir, ziemlich beunruhigend."

Obwohl er eigentlich gleich zu seinem Anliegen kommen wollte, fand Anam Michas Bemerkung ziemlich fesselnd.

„Ist das ein Auszug aus dem Gesetz?", fragte er und bezog sich damit auf den Teil der heiligen Schriften, den er sehr gut kannte.

„Nein, das ist aus den inspirierten Weissagungen des Propheten Jesaja."

Anam nickte, als er den Namen hörte. Selbstverständlich war er mit dem großen Propheten vertraut, aber er musste zugeben, dass er nicht alle seine Schriften kannte. „Er war ein großer Mann Gottes, der vor vielen hundert Jahren gelebt hat, ist es nicht so?"

Der alte Mann nickte. „Ja, aber seine Worte scheinen ganz deutlich in unsere heutige Zeit zu sprechen. In dem Abschnitt, den ich gerade gelesen habe, geht es um eine geheimnisvolle Gestalt – einen Knecht, der kommen und sein Leben geben wird, um sein Volk zu retten."

Anam erinnerte sich vage, diesen Abschnitt schon einmal gelesen zu haben, aber er wollte mehr wissen.

„Wie kann ein Knecht einen anderen retten?“, fragte er verwirrt.

„Ich weiß es nicht, mein Sohn. Aber Jesaja sagt, dass dieser Knecht von den Menschen verachtet und geschmäht werden wird. Er wird viel leiden müssen, aber sein Leiden wird nicht umsonst sein. Durch seinen Schmerz wird Gott die Nationen heilen und dieser Knecht wird verherrlicht werden.“

„Das ist wirklich eine seltsame Geschichte, die der Prophet da erzählt, Vater. Was bedeutet das?“

Micha seufzte tief. „Ich wünschte, ich würde die Antwort darauf kennen. Ich verstehe es ja selbst nicht so ganz. Aber ich denke, er versucht uns zu sagen, dass wir uns um eine andere Einstellung zum Leiden bemühen müssen. Wir müssen es aus Gottes Perspektive betrachten und nicht aus unserer menschlichen Sichtweise. Dies wurde in ferner Vergangenheit geschrieben, aber auch jetzt noch leidet unser Volk sehr unter der Unterdrückung der Römer. Da frage ich mich doch, ob Jesaja nicht auch zu uns heute redet.“

Es herrschte einen Augenblick Stille, während Anam über die Worte seines Vaters nachdachte.

Micha erhob sich und rollte vorsichtig die Pergamentrollen auf. Er küsste sie und verstaute sie voller Ehrfurcht in dem Regal in der Ecke des Raumes. Dann legte er

Anam die Hand auf die Schulter und sagte: „Aber du bist ja nicht zu mir gekommen, um mit mir über Prophetie zu reden. Also, was hast du auf dem Herzen?"

Anam räusperte sich. „Sei versichert, dass meine Frage nicht ein Ausdruck von Respektlosigkeit sein soll. Du bist mir ein freundlicher und liebevoller Vater gewesen, mein Leben lang, und ich danke Gott jeden Tag für dich. Aber ..."

Michas Blick ruhte voller Mitgefühl auf ihm. „Aber du willst mehr über die Umstände deiner Geburt erfahren. Du willst wissen, wo du herkamst."

Anam senkte den Kopf und flüsterte: „Ja."

„Ich wusste, dass dieser Tag kommen würde. Eigentlich muss ich es dir hoch anrechnen, dass du so viele Jahre hast verstreichen lassen, bis du mir diese Frage endlich gestellt hast. Du hast mir immer höchsten Respekt erwiesen."

Micha setzte sich erneut auf den Stuhl neben seinem Bett.

„Ich werde dir erzählen, was ich weiß."

Anam ließ sich zu den Füßen seines Vaters nieder und spürte, wie seine Kehle eng wurde, während er auf die Geschichte lauschte, die er schon immer hatte hören wollen. Doch er hatte es nie gewagt, seinen Vater danach zu fragen.

„Vor vielen Jahren … es fühlt sich an, als wäre es erst gestern gewesen, aber es ist jetzt schon fast dreißig Jahre her, war ich allein unterwegs – nicht besonders klug für einen Kaufmann, doch als ich noch jünger war, bin ich gern auch mal ein Risiko eingegangen. Ich befand mich auf dem Heimweg von Jerusalem, wo ich gute Geschäfte gemacht hatte. Es war frühmorgens, und mein Esel war schwer beladen mit Waren, die ich in der großen Stadt eingekauft hatte. Ich freute mich auf meine Rückkehr nach Hause, wo meine geliebte Frau Miriam auf mich warten würde. Und ich konnte es kaum erwarten, mit den erstandenen Waren viel Geld zu verdienen.

Doch dann begegnete mir auf der Straße etwas, das mein Leben für immer verändern würde. Aus einem ausgetrockneten Bachbett neben der Straße glaubte ich ein Geräusch gehört zu haben, ein Jammern. Ich blieb sofort stehen. Mein Esel begann zu bocken und auszutreten. Irgendetwas hatte ihn erschreckt. Mein erster Gedanke war, dass vielleicht Diebe auf der Lauer lagen. Sie würden sich auf mich stürzen und meine Waren stehlen. In Todesangst zog ich meinen Dolch und stieg vorsichtig den Abhang zum Rand des Bachbetts hinunter. Ich wollte nachsehen, was meine Aufmerksamkeit erregt hatte.

Ich kann dir nicht sagen, wie erstaunt ich war, als ich keine Räuber dort vorfand, sondern das Pferd eines römischen Soldaten. Es war gestürzt und tot. Offenbar war es bis zur Erschöpfung geritten worden. Neben dem Pferd lag ein Baby, in ein Lammfell eingepackt. Das Baby weinte und ich hob es auf und tröstete es."

Anam hatte aufmerksam zugehört. Er schluckte, als ihm die Bedeutung von Michas Worten aufging.

„Das Kind war ich?"

„Ja."

„Und ich war ganz allein?"

Micha strich über seinen langen weißen Bart, eine Geste, die Anam kannte. Das tat er nur, wenn ihn etwas beunruhigte. „Da war noch eine Frau. Sie lag unter dem toten Pferd eingeklemmt. Mit größter Anstrengung gelang es mir, sie unter dem Kadaver hervorzuziehen. Aber es war zu spät. Sie war ebenfalls tot. Diese Frau war, wie ich annehme, deine Mutter."

Eine Träne verschleierte Anams Blick, während er darauf wartete, dass der alte Mann fortfuhr.

„Diese ganze Szene war mir ein Rätsel. Ich konnte nicht begreifen, warum eine Frau ein Pferd ritt, das, nach dem Sattel und dem Zaumzeug zu urteilen, ganz offensichtlich einem römischen Soldaten gehörte. Die Frau trug nur ein Nachtgewand und zu dieser Jahreszeit war es nachts sehr kalt. Sie ist vermutlich an ihren Verletzungen gestorben und wegen der Kälte. Zum Glück für das

Baby … ich meine, dich … warst du fest in die Decke eingepackt und vor Kälte und Wind geschützt durch die Umarmung der Frau. Ich legte ihren Leichnam auf meinen Esel und brachte ihn in unsere Stadt, damit sie angemessen beigesetzt werden konnte. Den größten Teil meiner Waren ließ ich am Straßenrand stehen. Aber das Baby nahm ich natürlich mit. Den Rest der Reise trug ich dich in meinen Armen. Ach, du warst so ein hübsches Kind, Anam, und als ich dich in meinen Armen hielt, hörtest du auch auf zu weinen. Vom ersten Augenblick an wollte ich dich als mein eigenes Kind annehmen. So ging es auch Miriam, als ich dich ihr zeigte. Doch dann brachten wir dich zu den Ältesten in der Synagoge, und sie sahen, dass du bereits beschnitten warst. Nach den Gesetzen unseres Volkes, die uns vom Allerhöchsten gegeben wurden, bedeutete das, dass du ein Jude warst und am Tag deiner Beschneidung einen Namen bekommen hattest. Dir einen anderen Namen zu geben, wäre ein Affront gegen deine Eltern gewesen, gleichgültig ob sie noch am Leben waren oder schon tot. Darum haben wir dich Anam genannt, was wörtlich bedeutet ‚kein Name', und somit dem Gesetz Genüge getan."

Anam seufzte tief. Die Bedeutung seines Namens kannte er nur zu gut. Für ihn war er eine Quelle der Beschämung, solange er sich erinnern konnte.

Micha hielt inne und beugte sich vor, legte seine Hand auf Anams Schulter und blickte ihn so mitfühlend an, wie er es bereits beim Abendessen getan hatte. Dann lehnte er sich wieder zurück und fuhr fort mit seiner Geschichte. „Die Ältesten waren der Meinung, es sei meine Pflicht, deine Familie zu suchen und dich an sie zurückzugeben. Aber die Umstände deiner Geburt waren in der Tat sehr rätselhaft. Der einzige Hinweis, den ich hatte, war die Decke aus Lammfell, in die du eingepackt warst, als ich dich fand."

Anam legte den Kopf zur Seite. „Inwiefern kann eine Decke dir über meine Identität Aufschluss geben?"

Micha nickte, wie um eine tiefe Überzeugung zu bestätigen. „Die Zeit ist gekommen, dass du nicht nur hörst, sondern auch siehst."

Der alte Mann beugte sich über die Holztruhe am Fußende seines Bettes. Seit er ein Kind war, hatte sich Anam gefragt, was wohl darin aufbewahrt wurde, aber sein Vater hielt sie immer verschlossen. Die alten Angeln stöhnten protestierend, als Micha den Deckel aufklappte. Der modrige Geruch des Inhalts, der über viele Jahre hinweg darin verschlossen gewesen war, stieg in die Luft. Vorsichtig nahm Micha die Decke aus Lammfell aus der Tiefe der Truhe und reichte sie Anam.

„Sie ist wunderschön", sagte er, während seine Finger

über die weiche weiße Wolle strichen. Auf der gegerbten Haut standen mit Tinte geschrieben die folgenden Worte, die Anam laut vorlas: „Ehre sei Gott in der Höhe und Friede auf Erden allen Menschen seines Wohlgefallens, durch Jesus Christus, der von Maria in einem Stall in Bethlehem geboren wurde, und der in Windeln gewickelt in einer Krippe lag, er, der der Retter der Welt ist."

Micha lächelte. „Ja, ja. Ich erinnere mich an diese Worte, jedes einzelne davon, als hätte ich sie erst gestern gelesen. Ich habe sie in diesen vielen Jahren nicht vergessen, sondern dicht an meinem Herzen gehalten, und oft über ihre Bedeutung nachgedacht."

Anam erhob sich. Sein Herz klopfte vor Aufregung.

„Vater, ich verstehe nicht, was diese Worte bedeuten. Wer ist dieser Jesus? Und Maria? Ich kenne diese Leute nicht. Sind sie Verwandte von mir?"

Micha schüttelte den Kopf. „Ich habe mich bemüht, eine Antwort darauf zu finden, aber bis zu diesem Tag ist das ein Rätsel geblieben. Doch du sollst wissen, dass diese Decke rechtmäßig dir gehört. Ich habe sie treu für dich aufbewahrt, bis zum heutigen Tag, und jetzt sollst du sie behalten."

Tränen stiegen dem jungen Mann in die Augen, als er die Decke fest an sich drückte. Sie stellte eine Verbindung dar zu seiner Vergangenheit, eigentlich die einzige

Verbindung, und sie weckte in ihm den starken Wunsch, mehr zu erfahren.

„Du hast gesagt, diese Decke sei der einzige Hinweis gewesen, Vater. Hat sie dich denn näher an die Wahrheit herangeführt?"

Micha nahm erneut auf seinem Stuhl Platz und seufzte tief. „Ich habe mich auf die Suche nach der Wahrheit gemacht. Mit dem Segen der Ältesten unserer Stadt bin ich denselben Weg zurückgereist, den ich gekommen war, in der Hoffnung, deine Familie zu finden. In Bethlehem hörte ich von einem schrecklichen Geschehen, das diesen Ort heimgesucht hatte. Der König hatte die Information erhalten, dass ein Kind geboren worden sei, das eines Tages eine Gefahr für seinen Thron darstellen würde. Darum ordnete er an, dass alle männlichen Babys in dieser Stadt getötet werden sollten. Das war entsetzlich. Der Schmerz, den diese Morde verursachten, war unbeschreiblich.

Ich nehme an, dass deine Mutter aus der Stadt geflohen ist, um dich vor dem sicheren und grausamen Tod zu retten. Bei ihrer Flucht lief ihr vermutlich dieses Pferd über den Weg, das einem von Herodes' Soldaten gehörte. Sie trieb das Pferd an, so schnell es laufen konnte, und am Ende ist es in dem Bachbett, in dem ich dich gefunden habe, tot zusammengebrochen.

Ich hoffte, diese große Tragödie würde mich zu deiner Familie führen. Voller Freude malte ich mir aus, wie glücklich sie sein würde, wenn sie dich zurückbekäme. Aber so war es nicht. Je mehr ich nach diesem geheimnisvollen Kind fragte, das ich gefunden hatte, desto feindseliger begegneten mir die Leute. Sie reagierten zornig und misstrauisch. Sie trauten mir nicht. Und es dauerte nicht lange, bis sie mir mit einer Mauer des Schweigens begegneten. Einer nach dem anderen weigerte sich, mit mir zu sprechen. Als ich einsah, dass meine Suche vergeblich war, kehrte ich nach Hause zurück. Und von jenem Tag an warst du mein Sohn."

Diese Geschichte nach fast drei Jahrzehnten zu hören, löste in Anam eine Flut von Emotionen aus. Michas unglaublicher Bericht warf mehr Fragen auf, als er Antworten lieferte. Und wer war dieser geheimnisvolle Jesus, von dem in der Inschrift auf der Lammfelldecke die Rede war? Er war entschlossen, das herauszufinden.

„Vater, ich weiß jetzt, was ich tun muss. Ich werde selbst nach Bethlehem reisen und nach Antworten suchen." Er neigte den Kopf in Ehrfurcht vor dem freundlichen alten Mann, der ihn so liebte. „Das heißt, wenn du mir deinen Segen zu der Reise gibst."

„Komm her", forderte Micha ihn auf und winkte Anam an seine Seite. Er legte seine Hände auf den Kopf des jungen Mannes und sprach ein Gebet. Anam schloss die Augen, während er aufmerksam auf jedes Wort lauschte. Dann entließ ihn Micha und schickte ihn auf den Weg, indem er sagte: „Möge der Gott Abrahams, Isaaks und Jakobs bei dir sein, mein Sohn. Und möge der lebendige Gott, der allein alle Wahrheit kennt, über deinen Schritten wachen."

— Kapitel 3 —

Anam hatte seinen Vater schon auf vielen Handelsreisen begleitet. Einmal waren sie bis in das Land Libanon im hohen Norden gereist. Ach, diese wundervollen Zedern, hoch und majestätisch wie zu alten Zeiten, waren ihm noch in guter Erinnerung. Aber seine jetzige Reise war ganz anders. Es ging nicht darum, Handel zu treiben oder um irgendwelche finanziellen Transaktionen. Eigentlich fühlte er sich beinahe wie ein Bettler, als er sich mit dem kargen Proviant, der in seinen mit einem Lederriemen ans Ende eines Stockes gebundenen Reisesack passte, auf den Weg machte.

Und ganz anders als bei seinen sonstigen Reisen war er dieses Mal allein. Aber das war seine Entscheidung gewesen. Er wollte keinen Gefährten, denn hier ging es um eine persönliche Angelegenheit – das musste er ganz allein tun. Gott würde bei ihm sein und mehr brauchte er nicht.

Die Straße, die er wählte, war recht einsam. Sicher, sie war gefährlicher als die belebteren Straßen, auf denen Karawanen, Militärpatrouillen und Reisende zu Fuß unterwegs waren, aber das war für ihn in Ordnung. Er brauchte Zeit zum Nachdenken und zum Beten. Das konnte Anam in der Einsamkeit einfach viel besser. Dann hatte er die besten Gedanken.

Obwohl es bereits spät im Jahr war, brannte die Sonne in den Mittagsstunden erbarmungslos auf ihn nieder, und gelegentlich wischte er sich mit dem Ärmel seiner Tunika die Stirn ab, damit der beißende Schweiß nicht in seine Augen rann. Als die Dämmerung hereinbrach, beschleunigte Anam seinen Schritt und wanderte noch schneller über die staubige Straße in der Hoffnung, das Gasthaus, von dem sein Vater ihm erzählt hatte, zu erreichen, bevor die Sonne hinter den sanft ansteigenden Hügeln in der Ferne versank.

Vor ihm machte die Straße eine Biegung. *Bestimmt liegt das Gasthaus gleich dahinter*, dachte er bei sich. Aus der

Wegbeschreibung, die er bekommen hatte, wusste er, dass es ganz in der Nähe sein musste. Aber so sehr er sich auch bemühte, das Dämmerlicht zu durchdringen, er konnte nichts erkennen als die Straße vor sich. Auch gut. Er konzentrierte sich wieder auf die Gedanken, die ihn schon den ganzen Tag beschäftigten. Immer wieder fragte er Gott: *Was genau suche ich eigentlich? Ist ein Name wirklich so wichtig? Wird dieser Name meine Person verändern, den Menschen, der ich eigentlich bin? Kann ich auch ohne ein Familienerbe ein rechtschaffener Mann sein?* Wie immer sah sich Anam mit mehr Fragen als Antworten konfrontiert.

Die Dunkelheit senkte sich unaufhaltsam über die Straße, und ihm wurde klar, dass er das Gasthaus vor der Nacht nicht mehr erreichen würde. In der Dunkelheit weiterzugehen, war nicht klug. Obwohl er nur wenige Besitztümer bei sich trug, könnte er allein und unbewaffnet leicht Räubern zum Opfer fallen, die ihn vielleicht umbrachten, weil er nichts von Wert bei sich hatte.

Anam suchte Schutz unter einer großen, leicht gekrümmten Weide am hinteren Ende eines Feldes. Er warf sein Bündel auf den Boden und legte sich auf den Rücken.

Hier draußen war es so still. Zu Hause hörte er immer das Schnarchen seines Vaters, die Streitereien der Nachbarn oder einen seiner Brüder, der mitten in der Nacht zum Toilettenhäuschen taumelte. Hier gab es nur Stille. Er war ganz allein mit seinen Gedanken.

Hoch über ihm wölbte sich die Kuppel von Gottes Himmel. Anam rief sich die Worte Davids in Erinnerung: *Die Himmel erzählen die Ehre Gottes und die Feste verkündigt seiner Hände Werk.* (Psalm 19,2; LÜ 84) Wirklich kluge Worte. Er wollte sie in seiner Erinnerung bewahren, wie auch die anderen heiligen Schriften, ganz nah an seinem Herzen, so wie sein Vater es ihm beigebracht hatte.

Die Sterne leuchteten an diesem Abend besonders schön, kein Zweifel. Jeder einzelne hob sich hell von der samtenen Schwärze ab. *Was für ein prächtiges Schauspiel der Macht Jahwes*, dachte er. *Warum sollte sich der Herrscher des Universums, der Eine, der diese Wunderwerke geschaffen hat, um einen unbedeutenden Mann wie mich kümmern? Einen Mann ohne Namen.*

Doch Anam war davon überzeugt, dass es in dieser Welt einen Platz für ihn gab, dass sein Leben einen Sinn hatte. Wenn er ihn nur finden könnte.

Während er noch die unendlich vielen Sterne zählte und so vieles zu begreifen versuchte, was außerhalb seiner Reichweite lag, schlief er ein.

Am nächsten Morgen riss der Schrei eines Hahnes Anam aus dem Schlaf. Er rieb sich die Augen und lachte, als er seinen Magen knurren hörte. Wie lange hatte er schon nichts mehr gegessen? Fast einen ganzen Tag, abgesehen von dem Stückchen Brot, das er gestern unterwegs zu sich genommen hatte. Er streckte sich, suchte seine Sachen zusammen und lief quer durch das Feld zur Straße zurück. *Wie anders alles doch im Tageslicht aussieht*, überlegte er. Das Feld, jetzt in Sonnenschein getaucht, wirkte auf einmal viel freundlicher. So sehr ihn die Sterne auch fasziniert hatten, Anam liebte den Morgen. Er war für ihn die schönste Tageszeit. Morgens bekam er immer wieder neu das Gefühl dafür, was alles möglich war.

Nach etwa eineinhalb Kilometern mündete die einsame Straße, auf der Anam am Tag zuvor unterwegs gewesen war, auf die belebtere Straße, den direkten Weg nach Bethlehem. Ein Mann mit einem Esel kreuzte seinen Weg. „Friede, Freund", grüßte Anam. Der Mann nickte nur und ging weiter. Anam winkte den Bauern zu, die auf ihren Feldern arbeiteten. Sie schenkten ihm wenig Beachtung. Er sah Frauen, die vom Brunnen Wasser für ihre Familien holten, aber sie grüßte er selbstverständlich nicht. Mit Frauen zu reden, die nicht zur Verwandtschaft gehörten oder gute Bekannte waren, gehörte sich nicht.

Es wäre ein Skandal, und Anam war nicht auf der Suche nach Problemen – nur nach Antworten.

Endlich erreichte er die Stadt Bethlehem. Sie war viel kleiner, als er sich vorgestellt hatte, eigentlich gab es nur ein paar kleine Geschäfte, eine Schmiede, einige Ställe, eine Taverne und ein Gasthaus. Das Knurren seines Magens ließ sich nun nicht mehr ignorieren, und Anam beschloss, zuerst die Taverne aufzusuchen und sich zu stärken.

Ein junger Mann begrüßte ihn, als er durch die Tür trat. Der Duft von frisch gebackenem Brot hing in der Luft. Das Wasser lief ihm im Mund zusammen, und er erklärte dem Mann, dass er gern ein Frühstück hätte. „Nimm dort drüben Platz", wies der junge Mann ihn an und deutete auf einen kleinen Tisch und zwei Stühle. „Ich bringe dir was zu essen."

Anam nahm Platz und stellte das Bündel mit seinen Reiseutensilien neben sich auf den Boden. Kurz darauf brachte ihm der junge Mann Brot, Wasser und eine Schale mit dampfendem Gemüse. Er stellte das Essen auf den Tisch, dazu zwei Teller. „Hast du was dagegen, wenn ich dir Gesellschaft leisten würde?", fragte er. „Ich habe auch noch nichts gegessen."

Mit einem herzlichen Lachen erwiderte Anam: „Bitte, mein Freund, setz dich zu mir. Ich freue mich über

Gesellschaft." Er hielt ihm die Hand hin. „Mein Name ist Anam."

Als er ihm die Hand schüttelte, lag in den Augen des jungen Mannes derselbe fragende Blick, mit dem die meisten Menschen ihn bedachten, wenn er seinen höchst ungewöhnlichen und geheimnisvollen Namen nannte.

„Ich bin Ruben. Hast du Familie hier in Bethlehem?"

Anam kaute das Brot und trank einen Schluck Wasser. Er spürte, wie durch die Nahrung seine Kraft zurückkehrte. „Eigentlich ist der Grund für meinen Besuch, dass ich mehr über meine Familie in Erfahrung bringen möchte."

Ruben starrte Anam forschend an und hörte einen Augenblick lang auf zu kauen.

Anam steckte den letzten Bissen seines ersten Brotes in den Mund und nahm sich ein zweites. Während des Essens erzählte er seine Geschichte und auch von der Inschrift auf der Lammfelldecke.

„Ich habe sie sogar bei mir", erklärte er lächelnd. Er griff in den Beutel zu seinen Füßen und nahm ganz vorsichtig seinen wertvollsten Besitz heraus. „Lies selbst. Das ist ein faszinierendes Rätsel."

Ruben trat an Anams Seite. Sehr aufmerksam studierte er die Worte, die auf dem Lammfell standen, und trat zwei Schritte zurück. „Ich denke, du gehst jetzt besser", forderte er mit vor Emotionen zitternder Stimme.

„Was?", fragte Anam verwirrt. „Aber ich habe doch noch gar nicht aufgegessen … und ich muss ja auch noch bezahlen. Wie viel schulde ich dir?"

Mit kaltem Blick erwiderte Ruben: „Nichts. Von dir will ich gar nichts. Verlasse dieses Haus, sofort. Bitte."

Anam war schockiert von der unerwarteten Verhaltensänderung des Mannes. „Habe ich dich irgendwie beleidigt?", fragte er.

Der junge Mann weigerte sich zu antworten. Anam legte ein paar Münzen auf den Tisch für sein Essen und machte sich wieder auf den Weg, verwirrt über diese plötzliche Entwicklung.

Den Rest des Tages wanderte er durch die kleine Stadt und suchte nach Antworten. Die Feindseligkeit der Stadtbewohner schien ihm zu folgen, wo immer er hinging. Anfangs, wenn er erklärte, er suche Informationen über seine Familie, reagierten die Menschen noch freundlich und waren bemüht, ihm zu helfen. Doch sobald er die

Inschrift auf dem Lammfell erwähnte, wandten sie sich von ihm ab und gingen davon, häufig laut schimpfend. Ein Mann spuckte ihn sogar an. Anam hätte den Mann beinahe geschlagen, doch er beherrschte sich gerade noch rechtzeitig. Als Fremder in der Stadt – den niemand zu mögen schien – war er in einer schlechteren Position und bei einer Konfrontation ganz bestimmt unterlegen.

Nach einer Weile erwähnte er das Lammfell gar nicht mehr. Trotzdem kam er nicht weiter. Niemand konnte ihm Informationen über seine Eltern und die Umstände seiner Geburt geben. Niedergeschlagen betrat Anam bei Einbruch der Dunkelheit das Gasthaus in der Mitte der Stadt. Erschöpft von dem Tag wünschte er sich jetzt nichts weiter als eine warme Mahlzeit und einen Schlafplatz. Der Wirt, ein kleiner, stämmiger alter Mann namens Johanan, fragte: „Suchst du eine Unterkunft, Fremder?"

„Ja", erwiderte Anam. „Und eine Mahlzeit, wenn du so freundlich sein willst. Ich habe Geld und kann beides bezahlen." Er hielt ihm eine der Goldmünzen hin, die sein Vater ihm mitgegeben hatte.

Misstrauen trat in Johanans Augen. Er ignorierte das funkelnde Geldstück und fragte: „Wie ist dein Name?"

Anam steckte das Geld wieder in einen Beutel unter seinem Gewand und mied direkten Blickkontakt. „Man nennt mich Anam."

„Anam?“ Der Gastwirt zog die Nase kraus. „Was für ein seltsamer Name. Sag mir, wer ist dein Vater? Und woher kommst du?“

Es waren dieselben Fragen, die er den Stadtbewohnern den ganzen Tag über beantwortet hatte. Und jedes Mal schlug ihm nach seiner ehrlichen Antwort und seiner Bitte um Informationen die reine Verachtung entgegen. Es gab keinen Grund anzunehmen, dass dieser alte Mann hier anders reagieren würde, aber Anam wollte ehrlich bleiben. „Mein Vater ist Micha, ein wohlhabender Kaufmann, und unser Heim liegt viele Kilometer südlich von hier.“

Johanan kratzte sich über seinen kahl werdenden Schädel und sein Blick hing forschend an Anams Gesicht.

„Irgendwie kommst du mir bekannt vor“, meinte er nachdenklich. „Ich habe das Gefühl, dich schon mal gesehen zu haben. Sag mir, begleitest du deinen Vater ab und zu auf seinen Geschäftsreisen?“

„Ja, mein Herr“, erwiderte er. „Aber wir waren noch nie hier in Bethlehem. Wir sind höchstens einmal durch die Stadt gezogen.“

„Irgendwie erinnert mich dein Gesicht an einen Mann, dem ich schon mal begegnet bin.“

Jetzt war Anams Neugier geweckt. Es konnte nicht

Micha sein, dem er ähnlich sah, denn er war ja nicht sein „richtiger“ Vater, zumindest nicht im biologischen Sinne. Erinnerte sich der Gastwirt vielleicht an den Mann, aus dessen Samen er empfangen worden war? Anam beschloss, jetzt offen über den Zweck seiner Reise zu reden. „Mein Herr, können wir uns setzen?“

Der alte Mann lächelte. „Natürlich. Du bist übrigens genau pünktlich zum Abendessen gekommen. Meine Frau ist krank und wird mir heute Abend beim Essen keine Gesellschaft leisten.“ Sein Lächeln verschwand, als er seine kranke Frau erwähnte. Doch er riss sich zusammen und lud ihn ein: „Komm, setz dich.“

Zwei Knechte brachten ihnen das Essen in den schwach erleuchteten Speiseraum. Es gab gebratenes Lamm mit frischem Brot und Ziegenkäse. Nachdem sie zum Gebet den Kopf gesenkt hatten, häuften sie sich reichlich auf ihre Teller. Der Gastwirt nahm einen Schluck von seinem Wein.

„Also, wo waren wir stehen geblieben? Ach ja, du wolltest mir erzählen, warum du hier bist.“

Anam schluckte ein Stück Fleisch hinunter. Es schmeckte wundervoll. Er räusperte sich und begann. „Ich denke, ich weiß vielleicht, warum ich dir bekannt vorkomme.“

Johanan trank seinen Wein, ohne den Blick von dem

Gesicht des jüngeren Mannes zu nehmen, der ihm am Tisch gegenüber saß.

„Mein Vater Micha ist ein guter und freundlicher Mann, doch er und ich haben nicht dieselbe Herkunft. Meine leiblichen Eltern stammen, wie ich glaube, hier aus Bethlehem.“ Anam erzählte, was er von Micha wusste – dass er als Baby neben einer toten Frau gefunden worden war, die höchstwahrscheinlich seine Mutter gewesen war. Er zeigte ihm auch das Lammfell mit der Inschrift. Dieser Mann erschien ihm freundlicher als die anderen. Er würde vielleicht anders reagieren. Doch kaum hatte Johanan die Inschrift gelesen, erbleichte er, als hätte er einen Geist gesehen, und wandte den Blick ab.

Schnell packte Anam das Lammfell wieder ein und versuchte das Gespräch zu retten, obwohl er fürchtete, dass er auch jetzt wieder zurückgewiesen würde. „Und darum“, schloss er, „ist der Grund, warum ich dir bekannt vorkomme, vielleicht der, dass du den Mann, der mein leiblicher Vater ist, einmal gekannt hast. Bitte, mein Herr, ich flehe dich an, erinnerst du dich an seinen Namen?“

„Ich fürchte, mein Erinnerungsvermögen ist nicht mehr so gut wie früher“, erwiderte Johanan. „Vielleicht spielt mir mein Geist auch nur einen Streich.“

Anam bemerkte eine deutliche Veränderung im

Verhalten des Mannes nach seinem Bericht – ganz besonders, nachdem er ihm das Lammfell gezeigt hatte. Es war, als wollte er jetzt mit ihm nichts mehr zu tun haben.

Doch Anam war entschlossen, nicht so leicht aufzugeben. Dazu war er schon viel zu weit gekommen. Er blickte Johanan in die Augen und bat: „Bitte, erzähle mir doch mehr. Als einer der älteren Bewohner der Stadt weißt du doch sicher, was hier vor dreißig Jahren, kurz nach meiner Geburt, geschehen ist."

Johanan trank seinen Becher leer und winkte einem Knecht, ihm nachzuschenken. Die freundliche Atmosphäre zwischen den beiden Männern hatte sich merklich abgekühlt, und Stille herrschte zwischen ihnen, bis Johanans Becher nachgefüllt war. Er trank einen Schluck, stellte den Becher ab und sagte: „Hör zu. Eigentlich sollte ich dir gar nicht von diesem Unheil erzählen. Aber gegen besseren Wissens werde ich es tun."

„Unheil?", fragte Anam verblüfft.

„Ja, Unheil. Diese Inschrift bringt schlimme Erinnerungen an eine schreckliche Zeit zurück. Eine lange Phase der Gewalt und des Leidens, von der keiner in unserem friedlichen kleinen Dorf verschont geblieben ist."

Anam schluckte.

Johanan starrte in den Raum, tief versunken in seinen Erinnerungen, und erzählte die Geschichte, als erlebte er sie noch einmal neu. „Der, von dem diese Inschrift spricht … er ist der Grund für dieses Massaker."

„Du meinst …", Anam krächzte, und sein Mund wurde trocken, „… dieser Jesus?"

Der alte Mann funkelte ihn an.

„Sprich diesen Namen niemals in meiner Gegenwart aus", fuhr er ihn an, „sonst werden meine Knechte dich rauswerfen in die dunkle Nacht!"

„Entschuldige bitte. Ich wollte dich nicht beleidigen."

Eine unbehagliche, angestrengte Stille herrschte zwischen ihnen. Die Knechte und Mägde machten sich lautstark in der Küche zu schaffen, als wollten sie den Eindruck vermitteln, dass sie nicht mitbekamen, was gesagt wurde.

„Also gut … wie auch immer", brummte der Gastwirt, während er seinen zweiten Becher Wein leer trank und sich einen dritten bringen ließ. „Das letzte Mal habe ich diesen Namen vor vielen Jahren gehört. Diese dummen Hirten mit ihren Geschichten hatten die Soldaten hierhergeführt, und mit ihnen unermessliches Blutvergießen und den Tod."

„Bitte, erzähle mir mehr. Wer waren diese Hirten? Wie haben sie die Soldaten provoziert? Waren das Verbrecher?"

Johanan schüttelte den Kopf. „Nicht im engen Sinne

des Wortes, denke ich. Aber was sie ausgelöst haben, war schlimmer als alles, was je ein Verbrecher hätte tun können. Selbst ein Dieb hat wenigstens einen Grund für seine schlechten Taten. Diese Narren dagegen hatten keinen Grund, ihre bösartigen Wahnvorstellungen zu verbreiten. Das heißt, keinen anderen Grund als die Verderbtheit ihres trunkenen Geistes."

Diese letzte Bemerkung fand Anam unpassend, da der alte Mann mittlerweile seinen dritten Becher Wein schon fast ausgetrunken hatte. Doch er bat Johanan fortzufahren. Was er hörte, fesselte seine Aufmerksamkeit.

„So weit ich mich erinnere, war es etwa zur selben Zeit des Jahres. Diese Hirten, etwa zwölf an der Zahl, kamen mit einer fantastischen Geschichte in die Stadt. Alle behaupteten dasselbe. Sie erzählten, ein Engel sei zu ihnen gekommen."

Anams Augen weiteten sich. „Ein Engel?"

Johanan trank seinen Becher leer. „Ha! Ist das nicht der Gipfel der Dummheit? Warum sollte ein Engel des Allerhöchsten so unbedeutende Männer aufsuchen? Sag mir, denkst du nicht auch, dass er, wenn er schon einen Boten sandte, ihn zu den einflussreichen Männern schicken würde? Zu denen, die Macht besaßen?"

Achselzuckend erwiderte Anam: „Mein Vater hat mir immer gesagt, dass der Herr auf geheimnisvolle Weise wirkt. Vielleicht gab es einen besonderen Grund für den Besuch des Engels."

Der Gastwirt schüttelte den Kopf. „Warte. Du solltest diese Männer nicht in Schutz nehmen und Entschuldigungen für sie suchen, bis du die ganze Geschichte kennst. Sie stürmten in die Stadt und erzählten, dass himmlische Heerscharen die Geburt des Messias verkündigt hätten – genau hier in Bethlehem!"

Das Essen auf Anams Teller blieb beinahe unberührt. Die Geschichte des alten Mannes faszinierte ihn. Die guten Speisen auf seinem Teller interessierten ihn nicht mehr. Was konnten diese Geschehnisse mit seiner Herkunft und Familie zu tun haben und was war seinen Eltern zugestoßen?

Johanan fuhr fort: „Kein Wort habe ich ihnen geglaubt. Aber andere Stadtbewohner schon. Schon bald verbreitete sich die Nachricht in ganz Judäa und in noch ferneren Gegenden. Die Leute kamen von weither, um das arme Kind zu sehen, von dem die Hirten behaupteten, es sei der Messias.

Obwohl ich den Hirten keinen Glauben schenkte, hielt ich den Mund. Ein kluger Gastwirt weiß so etwas. Viele der Besucher brauchten eine Unterkunft. Sie wollten essen. Mein Gasthof war gut belegt mit zahlenden Gästen. Über einige Monate hinweg! Meine Geldbörse war prall gefüllt mit dem Geld, das ich verdiente. Nicht einmal die Volkszählung war mit dieser Zeit zu vergleichen.

Zuletzt kamen drei einflussreiche und geheimnisvolle Männer aus fernen Ländern. Die Karawane war unendlich lang … ich stand auf dem Dach und konnte das Ende der Prozession nicht erkennen. Nie war Bethlehem so viel Beachtung geschenkt worden. Und dann …" Johanans Stimme klang verbittert. „Nun … sagen wir, niemand glaubte die Geschichte der Hirten mehr, vor allem nicht nach dem, was dann geschah."

„Ist das, was dann geschah, der Grund dafür, dass du sagst, diese Männer seien Bösewichte gewesen und nicht nur harmlose Trunkenbolde?"

Johanan nickte heftig. „Ja, allerdings, das stimmt. Durch ihre Behauptung, der Messias sei gekommen, weckten die Hirten Herodes' Zorn. Er wurde eifersüchtig. Der König war entschlossen, die Bedrohung seiner Macht, so wie er es sah, abzuwenden und beschloss, diesen neugeborenen zukünftigen König zu töten. Er ordnete an, dass seine Soldaten alle männlichen Babys in Bethlehem umbringen sollten, auch auf dem umliegenden Land. Sie kamen und …" Die Augen des alten Mannes füllten sich mit Tränen. Er wollte fortfahren, doch seine Stimme gehorchte ihm nicht.

Anam war ganz elend zumute, weil er solche

schlimmen Erinnerungen in dem alten Mann geweckt hatte. Doch es gab noch eine Frage, auf die er eine Antwort brauchte, und auch wenn er dem Gastwirt nicht noch mehr wehtun wollte, stellte er sie. „Mein guter Mann, ich bitte dich, sage mir, die Inschrift, die ich dir gezeigt habe, zeugt sie in irgendeiner Weise von diesen entsetzlichen Ereignissen?"

Johanans Gesichtsausdruck war nun nicht mehr traurig. Er wurde zornig. „Ganz zweifellos", erwiderte er. „Der Name auf diesem Lammfell ... du weißt schon, welcher ..." Vorsichtig und leise murmelte Anam: „Jesus?", da er wusste, wie sehr der Mann, der ihm am Tisch gegenüber saß, diesen Namen hasste. Ein zorniges Nicken bestätigte es.

„Die Hirten sagten, dieser ... Jesus sei der versprochene Messias?"

„Ja! Und deswegen wurden alle diese Kinder ermordet", erklärte Johanan und fuhr sich über die Augen. „So, jetzt habe ich dir genug erzählt. Wenn du willst, kannst du ein Zimmer für die Nacht haben. Aber ich will nicht mehr über diese entsetzliche Zeit reden. Das ist vorbei, und wir können nicht ändern, was geschehen ist."

Anam hatte noch viele Fragen. Er wollte mehr über dieses Kind Jesus erfahren und warum seine Geburt so viel Unruhe gestiftet hatte. Jetzt mehr denn je. Ein Gedanke durchzuckte ihn. Die Hirten! Er würde sie suchen und die Wahrheit herausfinden. Er fragte den Gastwirt, wo er sie finden könnte. Johanan seufzte tief. „Ich weiß zufällig, dass sie in diese Gegend zurückkehren, jedes Jahr um diese Zeit. Ihre Winterweiden liegen ein Stück außerhalb der Stadt. Aber, mein Freund, wie ich dir gesagt habe, das sind böse Männer. Wenn du rechtschaffen bist, wirst du nichts mit ihnen zu tun haben wollen."

„Ich habe keine Angst vor ihnen", entgegnete er mutig. Eigentlich stimmte das nicht so ganz. Er hatte mehr als nur ein wenig Angst, diesen rauen Hirten gegenüberzutreten, die für die Ermordung vieler Kinder verantwortlich waren. Und natürlich für seine eigenen unglücklichen Umstände. Doch irgendetwas tief in seinem Innern drängte ihn weiter.

Widerstrebend erklärte der Gastwirt Anam den Weg zu den Winterweiden, an denen die Hirten ihr Lager aufgeschlagen hatten. Anam dankte dem alten Mann und zog sich für die Nacht auf sein Zimmer zurück. In einem stillen Gebet flehte er Gott um Führung und Schutz an. Der nächste Tag würde ihm die Antworten bringen, die er sein ganzes Leben lang gesucht hatte. Es war, als hätte er gerade eine Verabredung mit seinem Schicksal getroffen.

— Kapitel 4 —

Bei Sonnenaufgang erwachte Anam. Er fühlte sich wie erschlagen, als hätte er in der Nacht kein Auge zugemacht. Unruhig hatte er sich hin- und hergewälzt. Der Schlaf kam in Schüben, und immer wieder versuchte er, sich seine Begegnung mit den Hirten auszumalen. Würde sein Mut ihn in diesem wichtigen Augenblick verlassen? Würde er sich umdrehen und davonrennen, anstatt ihnen die Fragen zu stellen, die ihm auf der Seele brannten?

Während er sich anzog, stellte er sich vor, wie die letzten Tage seiner Mutter wohl ausgesehen haben mochten.

Sie hatte ihr eigenes Leben geopfert, um seines zu retten. Welcher Mut … und wie unnötig. Diese törichten Männer und ihre dummen Geschichten hatten dieses Leiden verursacht. Was würde er ihnen sagen? Wenn sie wüssten, dass er gekommen war, um ihnen vorzuhalten, dass sie für den Tod seiner Mutter verantwortlich waren, würden sie vermutlich keine Informationen preisgeben. Er wollte einen Plan entwerfen, aber ihm fiel nichts ein. Schließlich bezahlte er beim Gastwirt seine Rechnung und machte sich auf den Weg.

Die Winterweiden lagen nach der Beschreibung des Gastwirts nur zwei oder drei Kilometer vor der Stadt Bethlehem. Sobald er den Gasthof und die stinkenden Höhlen, die im Winter als Ställe für die Tiere genutzt wurden, hinter sich gelassen hatte, machte die Straße eine Biegung und führte in ein ödes hügeliges Land. Keine Menschenseele war zu sehen. Im Osten stieg die Sonne am Himmel höher, doch die Luft war noch kühl, ganz besonders, nachdem der Wind aufgefrischt hatte. Jeder Schritt führte Anam näher an das Lager der Hirten heran, und er spürte, wie sein Herzschlag sich beschleunigte. Die Furcht vor dem Unbekannten erfasste ihn und wollte ihn nicht wieder loslassen. Trotzdem marschierte er weiter. Hinter jeder Biegung und jedem Hügel rechnete er damit, das Lager vor sich zu sehen. Doch da war nichts als kahle Weiden und noch mehr Berge. Die Straße verengte sich zu einem unebenen Pfad, und es gab keine Markierungen, die halfen, ihn zu erkennen. Ganz vorsichtig setzte er einen Fuß vor den anderen, um auf den vielen Steinen nicht umzuknicken und sich den Knöchel zu verrenken.

Nach einer Stunde meldete sich der Hunger. Am Morgen hatte er es so eilig gehabt, sich auf den Weg zu machen, dass er das Frühstück ausgelassen hatte. Anam ließ sich auf einem großen Felsbrocken nieder und legte das Bündel mit seinen Sachen neben sich. Tief atmete er die kühle klare Luft ein und behielt sie einen Augenblick in seinen Lungen. Das langsame Ausatmen tat gut. Er überlegte, ein Stück von dem Brot zu essen, das er mitgenommen hatte, als er glaubte, etwas gehört zu haben. Die Hand an sein Ohr gelegt, lauschte er aufmerksam. Schafe! Ganz ohne Zweifel. Das war es, was er hörte. In der Ferne blökten Schafe.

So, dachte er, *jetzt gibt es kein Zurück mehr.* Die Winterweide musste ganz in der Nähe sein, vermutlich gleich hinter der nächsten Erhebung. Der Hunger war vergessen. Anam sammelte seine Sachen zusammen und rannte auf den Berg zu. Kurz vor der Bergkuppe blieb er außer Atem stehen. Er war noch nicht bereit für die Begegnung. Erst musste er wieder zu Atem kommen und auch sein Herzschlag musste sich beruhigen. Wenn er den Hirten so gegenübertreten würde, würden sie ihm das als Zeichen von Schwäche auslegen, und das wollte er auf keinen Fall.

Unter einem Gebüsch ließ er sich nieder, schloss die Augen und suchte Gott. *Jetzt bin ich schon so weit gekommen*, sagte er zu seinem unsichtbaren Schöpfer. *Bitte lass mich jetzt nicht im Stich. Bitte, Herr, nach so vielen Jahren, lass mich den Mut finden, mich der Wahrheit zu stellen. Ich möchte mein Leben gestalten, aber das kann nicht geschehen, wenn ich jetzt kneife. Ich bitte dich, Gott, schenke mir deine Kraft, dann werde ich keine Angst haben vor diesen rauen Männern und nicht vor ihnen davonlaufen. Danke, Herr. Amen.*

Ohne noch länger zu zögern erhob sich Anam und legte den Rest der Strecke bis zur Bergkuppe zurück. Der Wind spielte mit seinen Haaren, während sein Blick das weite Land vor ihm absuchte. Rechts von sich entdeckte er die Schafe, die friedlich in der späten Morgensonne grasten. Aber wo waren die Hirten? Während er den

Berghang hinabstieg, suchte er das Land nach ihnen ab.

Am Fuß des Berges glaubte er, Rauch wahrzunehmen, und sein Herzschlag beschleunigte sich, weil er wusste, dass sie jetzt ganz in der Nähe sein mussten. Ein Gebüsch versperrte ihm den Weg. Nachdem er dieses Hindernis überwunden hatte, sah er fünf Männer, die im Halbkreis an einem Lagerfeuer saßen. Sie entdeckten ihn im selben Augenblick wie er sie. „Wir scheinen Besuch bekommen zu haben“, bemerkte einer der jüngeren Hirten.

Anam trat aus dem Gebüsch, entschlossen, sich seine Nervosität nicht anmerken zu lassen.

„Komm und teile unser Frühstück mit uns, Freund“, forderte einer der Älteren, ein dünner Mann mit einem dichten grauen Bart, ihn auf.

Anam trat vorsichtig näher. „Mein Name ist Anam.“ Er wartete ab, rechnete mit derselben unfreundlichen Reaktion auf seinen Namen, wie er es mittlerweile gewohnt war. Doch überraschenderweise blieb sie aus. Sein Name schien keine Bedeutung für die Männer zu haben. Sie lächelten nur.

Er ging zu der kleinen Gruppe hinüber und setzte sich zu ihnen.

„Ich bin Eli“, stellte sich der Älteste von ihnen vor. Anam nahm an, dass er ihr Anführer war. Ein anderer

Mann reichte ihm einen Becher mit Schafsmilch und ein Stück Käse, das er dankend annahm. Eli stellte die anderen Hirten vor. „Zu unserer Gruppe gehören noch mehr", erklärte er, „doch sie sind noch nicht eingetroffen."

Anam erinnerte sich, dass der Gastwirt ihm erzählt hatte, die Hirten würden jedes Jahr an diesen Ort zurückkehren. Er beschloss, gleich zur Sache zu kommen und keine Zeit mit freundlichen Plaudereien zu vergeuden. „Dann kommt ihr also alle von weit her? Ihr lebt gar nicht hier?"

Während er seine Milch trank, musterte er über den Becherrand hinweg jeden der Männer dieser kleinen Gruppe. Einige von ihnen, vor allem die jüngeren, erschienen ihm ein wenig nervös, als gefielen ihnen diese Fragen nicht. Es war ihnen ganz offensichtlich unangenehm.

Der junge Hirte, der ihn entdeckt hatte, ergriff das Wort. Sein Name war Jonas. „Vielleicht sollten wir diejenigen sein, die die Fragen stellen", sagte er. Seine Stimme klang etwas verärgert. „Wer bist du, und warum bist du in unser Lager gekommen?"

Anam wollte Fragen stellen, nicht sie beantworten. Aber auf der anderen Seite hatte er nichts zu verbergen. Warum sollte er davor zurückscheuen, die Fragen der Hirten zu beantworten?

„Ich lebe viele Kilometer von hier entfernt. Aber ich habe Grund zur Annahme, dass ich in dieser Gegend geboren wurde."

Die Männer zogen die Augenbrauen in die Höhe. Einer der Hirten, ein großer Mann mit großen Händen, fragte mit ruhiger Stimme: „Dann stammt deine Familie also aus Bethlehem?"

„Das kann ich nicht mit Gewissheit sagen", erwiderte Anam. „Um ehrlich zu sein, das ist der Grund, warum ich hier bin. Mir wurde gesagt, dass ihr mir vielleicht mehr über meine Familie erzählen könnt."

Das Misstrauen in Jonas' Blick war noch nicht gewichen, doch der kleine, fast kahlköpfige Mann mit Namen Samuel erwiderte: „Wir sind bescheidene Hirten, Anam. Aber wenn wir können, werden wir dir helfen."

Bevor Anam etwas erwidern konnte, ergriff Jonas erneut das Wort.

„Wer hat dir gesagt, dass wir dir vielleicht helfen könnten? Die Leute in dieser Stadt haben uns nie etwas anderes als Hass entgegengebracht. Warum sollten wir dir helfen?"

Anam richtete seinen Blick auf den jungen Mann. *Wenn alle so sind wie er*, dachte er, *dann kann ich gut verstehen, warum die Stadtbewohner sie nicht mögen.*

„Bitte verzeih unserem jungen Freund“, bat Eli. Er setzte seine Schale ab und blickte Anam mitfühlend an. „Er hatte eine unglückliche Begegnung mit einigen der Bewohner Bethlehems, als er vor ein paar Tagen hier eintraf. Ich fürchte, das ist der Grund für seine Verärgerung. Ich versichere dir, er will dich nicht beleidigen.“

„Das habe ich auch nicht so verstanden“, erwiderte Anam. Ihm wurde klar, dass er wieder mal zu voreilig geurteilt hatte. Sein Blick wanderte zu Jonas, der sich ein wenig beruhigt zu haben schien.

„Eigentlich bist du genau zum richtigen Zeitpunkt hergekommen“, bemerkte Eli. „Wir sind eine kleine Gruppe, die sich jedes Jahr um diese Zeit hier trifft. Dafür haben wir einen besonderen Grund. Ich bin sicher, dass der eine oder andere aus unserer Gruppe in der Lage sein wird, dir zu helfen.“ Eli stieß einen tiefen Seufzer aus und starrte nachdenklich ins Feuer. „Als ich noch jünger war, kannten wir Hirten alle, die in Bethlehem wohnten, und wir waren angesehene Leute in der Stadt.“ Sein Blick kehrte zu Anam zurück. „Das ist lange her. Aber vielleicht kennt ja jemand von uns deine Familie.“

Anam trank seine Milch aus und stellte den Becher ab. Ohne Aufforderung füllte Samuel ihn aus seinem Krug sofort wieder auf.

„Danke", sagte Anam leise. Am liebsten hätte er gleich nach seiner Familie gefragt. Aber ihm kam der Gedanke, dass es vielleicht besser war, sich zuerst mit den Hirten anzufreunden, bevor er auf Themen zu sprechen kam, die Zwietracht auslösen könnten.

„Sagt mir, warum trefft ihr euch immer zu dieser Zeit im Jahr? Hat das etwas mit euren Schafen zu tun?"

Sie lächelten sich gegenseitig an, als teilten sie ein Geheimnis miteinander.

„Es ist schwer, das mit Worten zu erklären", erwiderte Eli. „Heute Abend, wenn unsere Brüder aus den umliegenden Gebieten zu uns stoßen, bist du uns als Gast herzlich willkommen." Er lächelte Anam an. „Dann wirst du alles erfahren."

Anam verbrachte den Rest des Tages allein, obwohl die Hirten ihn eingeladen hatten, es sich in ihrem Lager gemütlich zu machen, während sie auf die Ankunft ihrer Freunde warteten. Doch er wanderte lieber durch die Wiesen und hing seinen Gedanken nach. Am Nachmittag setzte sich Anam auf einen Holzstamm, um sich auszuruhen. Er nahm den Käse, den Samuel ihm mitgegeben hatte, aus seinem Sack und aß davon. Der schmeckte richtig gut. Anam lachte in sich hinein. *Wenigstens werde ich hier draußen bei diesen Männern nicht verhungern.* Ihre Gastfreundschaft beeindruckte ihn. War den Menschen in der Stadt überhaupt klar, wie sanft und harmlos diese Männer im Grunde waren?

Ein Adler zog am fast wolkenlosen Himmel über ihm seine Kreise. Dieses stolze Lebewesen verherrlichte Gott durch seine Kraft und Anmut. Ja, jedes der Tiere besaß einen einzigartigen Platz in der Schöpfung. Im Gegensatz zu ihm. In stillen Momenten wie diesem fühlte sich Anam noch mehr allein und fehl am Platz. Während sich seine Brüder ihres Lebens freuten und Kinder zeugten, die ihren Vater Micha stolz machten, saß er hier mitten im Nichts und suchte Informationen über seine Herkunft. Manchmal fühlte er sich sogar verflucht. Doch wann immer sich ein solcher Gedanke bei ihm festsetzen wollte, verwarf er ihn schnell wieder. Eine solche Denkweise gefiel Gott nicht und auf keinen Fall wollte er Gott verärgern. „Ich werde deinen Plan für mich erkennen, Herr", murmelte er vor sich hin, „zu deinem Zeitpunkt."

Als die Sonne im Westen langsam tiefer sank, wusste Anam, dass sein Treffen mit den Hirten nun näher rückte. Dieses Mal würden es noch mehr sein. Die anderen waren mittlerweile bestimmt schon eingetroffen.

Er erhob sich und setzte sich in Bewegung. Eine Zeit lang waren seine Gedanken fröhlich. Eigentlich lief alles viel besser, als er zu hoffen gewagt hatte. Diese Männer waren sehr hilfsbereit und vielleicht könnten sie ihm ja tatsächlich weiterhelfen.

Doch dann schlichen sich wieder Zweifel bei ihm ein. Er kannte diese Hirten doch gar nicht richtig, hatte sie doch erst vor ein paar Stunden kennengelernt. Vielleicht waren sie die Guten, und die Bösen sammelten sich gerade in diesem Augenblick am Fuß des Berges. Sein Vater hatte ihn gewarnt, dass die Bösewichte ihre unredlichen Taten immer bei Nacht begingen, im Schutz der Dunkelheit. „Sie hassen das Licht“, hatte der alte Mann gesagt, „weil das Licht ihre Sünde offenbar macht.“

Angst flackerte in ihm auf. *Vielleicht sollte ich umkehren und die Flucht ergreifen,* dachte er, als er die Bergspitze oberhalb des Lagers erreichte. Die Dunkelheit brach nun schnell herein und das verstärkte seine Sorgen noch mehr. *Hier gibt es kilometerweit keine Menschenseele. Ich könnte hier draußen umgebracht werden und niemand würde es erfahren. Wenn ich nicht zurückkehre, wird Vater sich auf die Suche nach mir machen? Was ist mit meinen Brüdern? Bin ich für sie wirklich ein Familienmitglied und würden sie sich Gedanken machen über mein Schicksal? Was, wenn …*

„Da bist du ja!“ Eine fröhliche Stimme riss ihn aus seinen Gedanken. Jonas stand direkt vor ihm. „Eli hat sich Sorgen um dich gemacht.“ Er legte seine Hand auf Anams Schulter. „Er hat mich losgeschickt, um dich zu suchen. Und damit ich mich für mein Benehmen heute Morgen entschuldige.“

Erleichterung machte sich in Anam breit. Der junge Mann meinte es ehrlich.

„Wie ich dir schon gesagt habe, ich habe dir das nicht übel genommen. Ich bin sicher, du hast gute Gründe, Fremden gegenüber zurückhaltend zu sein.“

Gemeinsam stiegen sie den Berg hinunter und gingen zum Lager auf der Lichtung. Unterwegs plauderten sie freundlich miteinander.

„Eigentlich bin ich sonst nicht so gehässig“, erklärte Jonas. „Aber irgendwie verbittert es mich, wenn ich sehe, dass andere einem schaden wollen, nur weil man ist, wer man ist.“ Anam dachte über seine Worte nach, während sie in der Abendkühle nebeneinander hergingen. Die letzten Sonnenstrahlen verschwanden hinter den Bergen. „Ich habe von dem Hass dieser Menschen aus Bethlehem euch gegenüber gehört, und ich glaube, ich kenne den Grund dafür.“ Sobald diese Worte über seine

Lippen gekommen waren, wünschte er, er hätte sie nicht ausgesprochen. Auf keinen Fall wollte er diesen jungen Mann beleidigen, nachdem er sich gerade erst mit ihm angefreundet hatte.

Doch Jonas schüttelte nur den Kopf. „Das ist nur, weil sie nicht die ganze Geschichte begriffen haben. Sie kennen die Wahrheit nicht."

Anam ging nicht weiter auf das Thema ein. Sie erreichten das Lager der Hirten, wo sich mittlerweile mehr als ein Dutzend Männer zusammengefunden hatten.

Eli und Samuel begrüßten Anam herzlich und stellten ihn den anderen Hirten vor, die gerade erst eingetroffen waren. Sie setzten sich zum Essen zusammen, und Eli sprach das schönste Dankgebet, das Anam je gehört hatte. Nach dem Essen sammelten sie sich um das Lagerfeuer. Die Wärme tat gut, und das Licht des Feuers mischte sich mit dem Licht des vollen Mondes, sodass die Nacht eine blasse Widerspiegelung des Tages war.

Nacheinander begannen die älteren der Hirten zu sprechen. Der Anlass für ihre Zusammenkunft wurde sofort deutlich. Es ging um die Geschichte, die Anam so gern hören wollte – die Geschichte über den Besuch des Engels bei ihnen und von allem, was folgte. Es war um diese Zeit des Jahres geschehen, dreißig Jahre war das her. Seither hatten sie sich jedes Jahr in derselben Woche getroffen, um sich an diese für sie alle so besonderen Ereignisse zu erinnern und zu feiern.

Als Letzter ergriff Eli das Wort, und obwohl er ein einfacher Mann war, erzählte er seine Geschichte mit großer Beredsamkeit.

„Diese heilige Nacht", begann er, „werde ich nie vergessen, solange ich lebe …"

— Kapitel 5 —

Anam hatte schon viele denkwürdige Abende am Lagerfeuer verbracht. Er liebte den warmen Schein des Feuers, und das Glühen, das er in seinem Inneren empfand, wenn er mit Micha und seinen Brüdern bis tief in die Nacht am Lagerfeuer saß und sie sich Geschichten erzählten, sich gegenseitig neckten, lachten und manchmal auch sangen. Aber dieser Abend am Lagerfeuer der Hirten verlief ganz anders. So etwas hatte Anam noch nicht erlebt. Die tiefen Gefühle und die Ehrfurcht dieser Männer, die spürbar wurden, wenn sie über ihre Erinnerungen an jene Nacht vor so langer Zeit sprachen, waren ihm fremd. Zweifellos waren sie keine Männer, die schnell Gefühle zeigten. Sie waren raue Gesellen, an das karge Leben in der Wildnis gewöhnt, und sie zögerten nicht, ihre Schafe unter Einsatz des eigenen Lebens gegen Löwen, Bären oder bewaffnete Diebe zu verteidigen. Doch an diesem Abend erinnerten sie Anam an Kinder, die mit Begeisterung einer Lieblingsgeschichte lauschten.

Als Eli anfing zu sprechen, legte sich eine tiefe Stille über die Gruppe. Nur Elis Stimme und das Knacken des Lagerfeuers waren zu hören.

Damals war ich natürlich noch viel jünger, und ich brauchte nur ganz wenig Schlaf, darum übernahm ich gern die Aufgabe der Nachtwache. Es war kalt und die Luft klar, genau wie heute Abend. Ich wickelte mich fest in meinen Umhang und machte einen Kontrollgang über die Wiese. Die Schafe, für die ich verantwortlich war, lagen in tiefem Schlaf. Während ich die sanften Tiere in ihrem friedlichen Schlummer beobachtete, dachte ich: „Ob Tiere wohl auch träumen wie wir Menschen?“ Ich lachte bei dem Gedanken, dass ein Schaf vermutlich nur von einer noch grüneren Weide träumen würde, von nichts anderem. Aber ich, als junger Mann, hatte tatsächlich Träume – viele Träume. Ich stellte mir vor, dass ich in ferne Länder reiste, aufregende Dinge tat und ein Abenteuer nach dem anderen erlebte. Doch ich wusste, dass in meinem Leben bestimmt nichts Aufregendes passieren würde. Ich war Hirte wie mein Vater und wie sein Vater vor ihm und mein Leben würde in immer gleichen Bahnen verlaufen. Ich würde tagaus, tagein meine Schafe hüten und sonst nichts.

Dieser Gedanke beschäftigte mich, während ich die Sterne am klaren Nachthimmel bewunderte. In jener Nacht waren es so viele, mehr als ein Mensch je zählen könnte. Um mir die Zeit zu vertreiben, begann ich, die Sterne mit gedachten Linien zu verbinden. Einige verbanden sich zu einem großen Segelschiff, andere zu einem Löwen oder Bären. Wenn ich mich anstrengte, konnte ich sogar große Festungen und herrliche Paläste erkennen. Ein paar von diesen funkelnden Lichtpunkten bildeten Schafe. Ach ja, immer wieder zurück zu den Schafen …

Anam bemerkte, dass die Männer am Feuer lächelten und zustimmend nickten. Einer von ihnen warf ein großes Holzstück ins Feuer. Die orangenen Flammen strahlten einen warmen Schein aus, der Anam gut tat, da es mit der Dunkelheit auch ziemlich kalt geworden war. Eli fuhr fort …

Doch dann geschah etwas. Der Himmel wurde heller und das verwirrte mich. Zuerst schien es so, als würden mir meine Augen einen Streich spielen. Bestimmt hatte ich schon zu lange nicht mehr geschlafen und mein müder Geist versagte mir den Dienst. Doch was ich sah, war keine Illusion. Es geschah tatsächlich. Ein heller Lichtstrahl fiel vom Himmel herab auf eine Stelle hinter einem Baum, etwa dreißig Meter entfernt. Er strahlte weißer als der Schnee auf dem Berg Hermon.

Ich stand da, wie zu einer Salzsäule erstarrt. Mein Mund stand offen, meine Augen waren vor Staunen weit aufgerissen. Ich begriff nicht, was da geschah, aber etwas tief in meinem Inneren sagte mir, dass ich mich in einer Gegenwart befand, die nicht natürlich, die nicht von dieser Welt war. Das Licht wurde noch heller, überstrahlte das Licht des Mondes und das Funkeln der Sterne. Instinktiv ließ ich meinen Stab fallen und rannte davon, um die anderen zu holen. Ich lief so schnell ich konnte, und Augenblicke später stand ich vor der kleinen Hütte, in der wir unser Nachtlager hatten. Außer Atem rief ich die anderen heraus, damit sie miterlebten, was da geschah. Diejenigen, die noch wach waren, stürzten aus der Hütte, die anderen hatten tief und fest geschlafen und brauchten länger.

„Was ist denn eigentlich los?", fragte einer der Älteren. „Hör zu, wenn das ein Scherz sein soll, dann sage ich dir hier und jetzt, dass …"

Doch bevor er zu Ende sprechen konnte, unterbrach ihn ein anderer und deutete zu dem Licht hinüber. „Seht nur!“

Die anderen Männer schauten in verblüfftem Schweigen in die Richtung, in die der Hirte zeigte. Das Licht erhellte jetzt den gesamten Bereich in der Nähe des Baumes. Einige der Männer kauerten sich vor Furcht zusammen, andere schirmten ihre Augen mit ihren Händen ab und hingen wie gebannt an der unglaublichen Erscheinung.

„Kommt mit“, forderte ich sie auf und rannte los. Die anderen folgten mir. Wir waren zu zwölft. Unmittelbar vor dem Baum blieben wir stehen, der jetzt heller erleuchtet war als zur Mittagszeit, doch von einem Licht, das ganz anders war als das der Sonne. Es war tiefste Nacht, aber wir mussten unsere Augen gegen die Helligkeit abschirmen. Das war ein himmlisches Licht – ich kann es nur so beschreiben.

Jemand rief: „Ich sehe eine Gestalt wie einen Körper!“

„Das ist ein Engel!“, sagte ich und sank auf die Knie. Meine Brüder um mich herum fielen ebenfalls zu Boden, und die älteren Männer drückten von Furcht erfüllt ihre Gesichter ins Gras. Um ehrlich zu sein, hatten wir alle Angst und zitterten wie Espenlaub.

Anam wandte seine Aufmerksamkeit den anderen Hirten am Feuer zu. Die Flammen zuckten über ihre Gesichter.

Nur einige der Männer hatten jene schicksalhafte Nacht mit Eli zusammen erlebt, und es war leicht zu erkennen, wer von ihnen. Tränen waren ihnen in die Augen getreten und bei manchen rannen sie bereits über die Wangen. Sie schienen die Ereignisse von vor dreißig Jahren noch einmal neu zu durchleben, während Eli fortfuhr mit seiner Geschichte …

In unseren Herzen wussten wir alle, dass wir uns in der Gegenwart eines himmlischen Boten befanden. Aber warum war er hergekommen? Ausgerechnet zu uns? Hatte der Herr seinen Engel geschickt, um uns zurechtzuweisen? Wir alle beteten leise für uns und hofften auf Gnade, während wir darauf warteten, was geschehen würde. Ich erinnere mich, dass ich lange Zeit den Atem anhielt.

Dann hörten wir eine Stimme. Sie war freundlich, vermittelte gleichzeitig aber auch Autorität. Es war die Stimme eines jungen Mannes, aber ganz anders, als ich es je gehört hatte.

„Habt keine Angst", sagte diese Stimme, „ich verkündige euch große Freude."

Bis zu diesem Augenblick hatte ich den Blick gesenkt gehalten. Ich hatte Angst, diesen mächtigen Engel des Herrn anzusehen. Doch seine Stimme war beruhigend und nahm mir alle meine Ängste. Noch immer lag ich auf den Knien, doch jetzt schaute ich ihn an und sah die Pracht seiner Schönheit.

Dieses Engelwesen hatte die Gestalt und die Haltung eines Mannes, war aber wiederum auch nicht mit einem gewöhnlichen Menschen zu vergleichen. Seine Flügel waren die einer großen weißen Taube, nur viel heller, und sie bewegten sich mit einer rhythmischen Anmut, die ich unmöglich zu beschreiben vermag. Er hatte das Gesicht von einem, dessen Wohnstatt im Himmel war, weit weg von der Wohnstatt eines sterblichen Menschen. Der Ausdruck auf seinem Gesicht unterstrich seine Worte. Er war nicht hier, um über uns zu urteilen. Ganz im Gegenteil, er war in jener Nacht zu uns gekommen, um eine freudige Ankündigung zu machen, die unser Leben und sogar die ganze Welt verändern würde.

Die anderen waren genauso fasziniert wie ich, sie lauschten auf jedes Wort. Uns war jetzt klar, dass dies ein einzigartiges Ereignis war.

Mit freundlicher, doch mächtiger Stimme verkündete der Engel: „Heute ist in der Stadt Davids der Retter geboren."

Bei seinen Worten erfüllte uns eine tiefe Ehrfurcht. Der Retter! Ich traute meinen Ohren nicht. So lange schon wartete ganz Israel auf diesen Tag, schon die Väter unserer Väter hatten auf ihn gewartet.

Während er sprach, schien der Engel noch strahlender zu werden, was ich nie für möglich gehalten hätte. Ich hörte die Freude in seiner Stimme, und ich begriff, dass er sehr glücklich war, uns diese unglaubliche Botschaft überbringen zu können. Und dann sagte er: „Der Retter, der ist Christus – Christus der Herr."

Mit großer Ehrfurcht sprach der Engel diesen Namen aus. Er kreuzte seine Flügel und neigte den Kopf als Zeichen der höchsten Ehrerbietung. Dann sprach er weiter. „Und dies soll das Zeichen für euch sein", sagte er mit einem Lächeln, das selbst das härteste Herz zum Schmelzen gebracht hätte. „Daran werdet ihr ihn erkennen: In einem armen Stall vor den Toren der Stadt Bethlehem werdet ihr ein Baby finden, in Windeln gewickelt und in einer Tierkrippe liegend, weil kein Raum war für den Messias in der Stadt Davids."

Ich versuchte, all das, was ich gerade gehört hatte, zu begreifen. Kein Raum für den Messias? Welch ein Skandal! In diesem Augenblick wollte ich nichts weiter, als mich auf die Suche nach ihm zu machen und ihm meine Ehrerbietung darzubringen auf jede nur mögliche Weise. Doch bevor ich den Gedanken noch weiterführen konnte, erschienen die Heerscharen des Himmels und gesellten sich zu dem Engel. Diese unendlich vielen strahlenden, mächtigen und wunderschönen himmlischen Wesen stiegen wie ein großer

Wirbelwind zur Erde herab. Die Luft wurde erfüllt von dieser überirdischen Pracht und ihrem ätherischen Gesang. Es waren Loblieder, gesungen von Lippen, die keine Sünde kannten. Wahrhaftig, dachte ich, wie schön ein so prächtiger Chor in den Ohren des allmächtigen Gottes klingen muss. Der Gesang wurde lauter und ich erkannte die Worte: „Ehre sei Gott in der Höhe und Friede auf Erden bei den Menschen seines Wohlgefallens."

Am Anfang fast unmerklich, dann immer schneller, zerstreute sich das strahlende Licht vor uns. Damit wurde auch der Gesang leiser, bis er vollständig verstummte und wir wieder allein waren.

Anam beobachtete, dass die anderen Elis Geschichte genauso aufmerksam lauschten wie er. Kein Zweifel, für alle von ihnen war dies ein ganz außergewöhnliches Ereignis. Einige von ihnen konnten ihre Tränen nicht zurückhalten. Diese rauen und bärenstarken Männer – sie weinten! Doch die Bewohner Bethlehems behaupteten, sie hätten den Besuch der Engel nur erfunden. Wenn es eine Lüge war, warum weckte die Erinnerung an diese Nacht dann so große Emotionen in ihnen? Zum ersten Mal begann sich Anam zu fragen, ob ihre Geschichte nicht vielleicht doch der Wahrheit entsprach. Und falls das so war, was bedeutete das? Er beugte sich weiter vor, als Eli weitererzählte …

Nachdem die Engel wieder in den Himmel aufgestiegen waren, rappelte ich mich langsam hoch, genau wie die anderen. Sofort begannen wir alle durcheinander zu reden, versuchten zu entscheiden, was wir tun sollten. Noch immer waren wir tief bewegt und fassungslos von dem, was wir gerade erlebt hatten. „Wir müssen uns sofort auf den Weg machen und diesen Stall suchen", erklärte ich. Die anderen stimmten mir zu. Sie wollten Gottes Wort gehorchen.

Daraufhin erzählte uns Simon von einer Begegnung, die er früher am Tag gehabt hatte. Er hatte eine Frau gesehen, die ein Kind erwartete. Die Schwangerschaft war schon weit fortgeschritten. Sie und ihr Mann suchten eine Unterkunft in der Stadt, aber es gab kein freies Zimmer mehr. Darum hatte Simon ihnen von einem Stall erzählt.

Wir waren alle der Meinung, dass dies das Kind sein musste, von dem der Engel gesprochen hatte. Wir trugen zusammen, was wir der kleinen Familie als Geschenk mitbringen konnten – etwas Brot, Milch, Käse und Lammfelldecken – und machten uns in großer Eile auf den Weg zu dem Stall. Die Herde ließen wir zurück, denn wir wussten, dass die Aufgabe, die vor uns lag, viel wichtiger war.

Im Licht eines hellen Sterns, der viel heller schien als jeder andere, den ich je gesehen hatte, überquerten wir die Berge. An der schlafenden Stadt Bethlehem vorbei gingen wir auf den Stall hinter dem Gasthof zu. Als wir davorstanden, hatte keiner von uns den Mut, hineinzugehen. Die anderen deuteten auf mich und sagten: „Eli, du hast den Engel zuerst gesehen. Du gehst hinein."

Ich machte einen Schritt vorwärts, blieb dann jedoch abrupt wieder stehen. „Aber ich weiß doch gar nicht, was ich sagen soll."

„Sag ihnen einfach, dass ein Engel uns hergeschickt hat", meinte Benjamin, der älteste unserer Gruppe, „und dass wir Geschenke bringen und den Messias anbeten wollen."

Ich zögerte immer noch. Was wir taten, war richtig, das wusste ich, aber noch nie in meinem Leben war ich in die Gegenwart eines Höchsten getreten, und ich hatte große Angst.

„Wirf doch wenigstens einen Blick hinein", flüsterte Benjamin. „Wenn du ganz leise bist, merken sie gar nicht, dass du da bist."

Die anderen nickten in stiller Zustimmung. Ich nahm all meinen Mut zusammen und schlich zu einer kleinen Öffnung, von wo aus ich in den Stall hineinsehen konnte. Benjamin stand direkt hinter mir.

„Und?", fragte er ungeduldig, „was siehst du?"

„Ich sehe eine junge Frau. Ach, sie ist genauso schön wie der Engel. Ihr Baby liegt neben ihr und schreit. Sie spricht mit ihm. Es hört sich beinahe so an, als würde sie singen."

Ich wusste nicht so genau, wie ich sie den anderen beschreiben sollte, aber eine solche Stimme hatte ich noch nie gehört. Mir war klar, dass die Bindung zwischen Mutter und Kind noch stärker war als bei anderen Müttern und ihren Kindern. Ihre Worte trösteten das kleine Baby, und als sie es in die Arme schloss, krähte es zufrieden.

Benjamin stieß mich in die Seite. „Geh hinein und stell dich vor“, flüsterte er mir ins Ohr. „Dann kommen wir nach.“

Doch bevor ich die Gelegenheit hatte, mich zu rühren, erschien ein Mann in der Tür. Er trug die bescheidene Kleidung eines gewöhnlichen Mannes, doch seine Haltung war irgendwie königlich. Der Mann musterte mich misstrauisch. Sein Blick glitt auch über die anderen hinweg, die hinter mir standen. „Wer seid ihr und was wollt ihr?“, fragte er und versperrte beschützend den Eingang.

Meine Kehle war wie zugeschnürt, und es dauerte eine Weile, bis ich krächzte: „Mein Herr, wir sind Hirten. Wir sind gekommen, um Essen für euch und eine Lammfelldecke für das Kind zu bringen.“ Und so ehrfurchtsvoll ich konnte, fügte ich hinzu: „Und natürlich, um den Erlöser anzubeten.“

Ein erkennendes Lächeln huschte über das Gesicht des Mannes. „Ich bin Josef“, stellte er sich vor und trat zur Seite, um uns einzulassen.

Die anderen folgten verschüchtert und gemeinsam näherten wir uns der jungen Mutter mit ihrem Kind. Das Baby in ihren Armen war eingeschlafen. Sie saß auf etwas Heu, auf dem kalten, feuchten Boden. „Ich bin Maria", sagte sie leise. „Schön, dass ihr uns besucht."

Einer der jüngeren Hirten ging zu ihr und legte ein paar Nahrungsmittel vor ihre Füße. Sie lächelte den jungen Mann herzlich an. „Gott wird sich an deine Freundlichkeit erinnern, junger Mann." Und mit demselben freundlichen Lächeln blickte sie uns andere an. „Und auch an euch – euch alle."

Auf einmal fiel mir die Decke ein, die wir mitgebracht hatten. Ich nahm sie aus meinem Sack und legte sie ihr zu Füßen. „Maria, bitte nimm diese Lammfelldecke. Sie wird deinen Sohn warm halten. Sie war für mein Kind bestimmt, das bald zur Welt kommen soll, aber ich möchte, dass du sie bekommst … für den Retter."

Sie streckte die Hand aus und strich liebevoll über meine Hand. Ihre Haut war glatt und weich. „Wir können euch eure Großzügigkeit nicht vergelten", sagte sie, während sie das Baby in das Fell wickelte.

Josef stand daneben. „Das stimmt", sagte er. „Wir können euch nur unseren aufrichtigen Dank anbieten."

„Eins könntet ihr für uns tun", sagte Benjamin.

Josef blickte ihn neugierig an. „Bitte erlaubt uns, den

Messias anzubeten." Benjamins alte Augen füllten sich mit Tränen.

Maria wiegte das kleine Baby in ihren Armen, blickte uns an und fragte: „Wie habt ihr Männer von seiner Geburt erfahren?"

Benjamin setzte zu sprechen an, doch er war zu bewegt. Ich ergriff das Wort und erzählte die Geschichte von den Engeln und der Botschaft, die sie uns übermittelt hatten.

Als sie meine Worte hörte, lächelte sie Josef wissend an, und er gab ihren Blick zurück. „Ihr Männer seid die Ersten von vielen, die die Wahrheit hören", sagte er. „Was die alten Propheten vorausgesagt haben, hat sich heute Nacht erfüllt."

Maria blickte uns alle nacheinander an, voller Liebe und Mitgefühl. „Sagt mir eure Namen, jeder von euch. Ich möchte mich an eure Freundlichkeit erinnern und Jesus davon erzählen, wenn er älter ist."

Nacheinander traten wir demütig vor, und sie gestattete uns, den Saum seines Gewandes zu küssen. Dabei nannten wir ihr unsere Namen. Bevor wir schließlich gingen, sagte sie zu uns: „Der Herr möge mit euch sein, euer ganzes Leben lang. Auch wenn ihr Not, Unterdrückung oder andere Schwierigkeiten erlebt, seid versichert, dass er immer bei euch sein wird."

Josef nickte zustimmend, lächelte uns an und sagte: „Geht in Frieden."

Wir versprachen, wiederzukommen und anderen zu erzählen, was uns der Engel gesagt hatte, damit noch viele andere kommen und Jesus anbeten könnten. Und dann verabschiedeten wir uns und kehrten zu unseren Schafen zurück.

Elis Bericht von dem wundersamen Ereignis faszinierte Anam. Aber dieses Gefühl hielt nicht lange an. Er bemerkte, wie sich Elis Gesichtsausdruck veränderte, von überschwänglicher Freude zu tiefer Traurigkeit. Es war, als wäre ihm eine schmerzliche Erinnerung gekommen und hätte die Freude, die er kurz zuvor noch empfunden hatte, getrübt. Während die anderen Männer am Lagerfeuer fröhlich miteinander plauderten, beobachtete Anam, wie Eli in die glühende Asche des ersterbenden Feuers starrte und einen tiefen Seufzer ausstieß. Dann murmelte er etwas vor sich hin, das Anam nur mit Mühe verstehen konnte: „Ich wüsste so gern, ob er noch am Leben ist."

— Kapitel 6 —

Dieser außergewöhnliche Abend war einzigartig in Anams Leben. Besonders bemerkenswert fand er die Worte, die der Engel gesagt hatte. Sie erinnerten ihn an die Worte auf dem Lammfell, der einzigen Spur im Zusammenhang mit seiner Herkunft. „Ehre sei Gott in der Höhe und Friede allen Menschen seines Wohlgefallens, durch Jesus Christus, der von Maria in einem Stall in Bethlehem geboren wurde, und der in Windeln gewickelt in einer Krippe lag, er, der der Retter der Welt ist."

Dieser Jesus schien der Auslöser für so viele Streitigkeiten zu sein. Die Hirten beteten ihn an und behaupteten, er sei der versprochene Messias. Doch die Bewohner Bethlehems schmähten ihn und ertrugen es nicht einmal, seinen Namen zu hören. Anam war verwirrt. Was war die Wahrheit? Warum war dieser geheimnisvolle Jesus so wichtig? Und wie passte all dies in sein eigenes Leben?

Von einem jedoch war Anam absolut überzeugt. Diese Hirten waren keine bösen Männer. Ihre Stimmen klangen aufrichtig, als jeder von ihnen erzählte, wie er jene Nacht vor dreißig Jahren erlebt hatte. Dies waren nicht die Erinnerungen einer herumziehenden Gruppe von Trunkenbolden und Verworfenen. Nein, ganz im Gegenteil, die Hirten hatten Anam gegenüber ganz offen und ehrlich über ihre Glaubensüberzeugung gesprochen. Natürlich hielt Anam es für möglich, dass sie sich irrten. Vielleicht gab es eine logische Erklärung für das, was sie gesehen hatten. Doch was auch immer sich in jener Nacht ereignet hatte, Anam zweifelte nicht daran, dass diese Männer ehrliche, sanftmütige Menschen waren, die jedes Wort, das sie von sich gegeben hatten, ganz fest glaubten.

Sie beendeten ihre Zusammenkunft mit inbrünstigen Gebeten und Lobliedern zu Gott und zogen sich für die Nacht in ihre Zelte zurück. Eli bot Anam einen Schlafplatz in seinem Zelt an, was er gern annahm. Er hatte noch so viele Fragen und wollte sie Eli gern stellen, doch er war so unsicher, wusste nicht genau, wie er diese Dinge in Worte fassen sollte. Sein Zögern erinnerte ihn an Mose, der sagte, er könne nicht gut reden, doch Gott stellte ihm seinen Bruder Aaron zur Seite, der für ihn sprechen sollte. *Aber ich habe keine leiblichen Brüder, die für mich reden könnten … und ganz bestimmt bin ich nicht Mose!*

Während Anam noch mit sich kämpfte und überlegte, was er sagen sollte, begann sein Zeltgenosse leise zu schnarchen. Er blickte zur Seite und sah, dass der alte Mann fest eingeschlafen war. Sein Mund war leicht geöffnet. Dieses langsame und gleichmäßige Geräusch erinnerte Anam an seinen Vater. Er war erst wenige Tage von zu Hause fort und schon vermisste er den alten Mann. Auch wenn er nicht sein leiblicher Vater war, hatte dieser Mann ihn als Baby gefunden und ihm sein ganzes Leben lang aufrichtige väterliche Liebe gezeigt. War es ein Betrug, dass er jetzt seinen „richtigen" Vater finden wollte? Der Gedanke, er könnte den einzigen Vater, den er je gekannt hatte, vielleicht verletzt haben, schmerzte. Doch Micha hatte Anam seinen Segen für diese Reise gegeben. Das zeigte ihm, dass er keine Schuldgefühle zu haben brauchte.

Aber warum, fragte er sich, empfand er in diesem Augenblick eine so große Anspannung? Vielleicht machte ihm die Aussicht, endlich die Wahrheit über seine Herkunft herauszufinden, Angst. Schließlich hatte ihn dieses große Rätsel sein ganzes Leben lang gequält. In gewisser Weise war es ein Teil von ihm geworden. Und das würde sich jetzt ändern. Gehörte er dann vielleicht nicht mehr zu Michas Familie? Würde diese neue Offenbarung sein Leben auf eine Weise verändern, wie er es gar nicht wollte? In seinem Herzen spürte er eine erwartungsvolle Freude, aber auch die Furcht vor dem Unbekannten.

Er versuchte zu schlafen, aber es ging einfach nicht. Schließlich erhob er sich und schlüpfte leise aus dem Zelt. Die Nacht war kalt und die Sterne funkelten am Himmel. Anam ging zum hinteren Ende des Lagers, vorbei an den schlafenden Schafen, und stieß auf eine kleine Baumgruppe. Vielleicht war dies die Stelle, wo die Hirten den Engel gesehen hatten. Für ihn war diese Begegnung mit dem Engel keine Behauptung der Hirten mehr; er glaubte ihnen. Diese Männer waren von Grund auf ehrlich.

Anam hob den Blick zu den großen Sternkonstellationen am weiten Himmelszelt. Heute Abend erschien kein Engel auf den Feldern. Zumindest kein sichtbarer. Sein Vater hatte ihm oft erzählt, dass Gottes Engelscharen die Erde immerzu durchstreiften und allen Gerechten ihren Schutz und ihre Führung zukommen ließen. Oft hatte sich Anam vorgestellt, dass die Schutzengel auf Schritt und Tritt bei ihm waren, ihn vor Feinden beschützten und ihm halfen, Fallgruben zu meiden. Der Gedanke hatte ihn immer sehr beruhigt.

Doch der Engel, den Eli und die anderen Hirten beschrieben hatten, war ihnen in sichtbarer Gestalt erschienen, oder zumindest hatte er sich auf diese Weise offenbart. Er hatte ausgesehen wie ein Mensch, wenn auch verherrlicht und nicht von Fleisch und Blut. Wenn nur ein solches Wesen jetzt zu ihm kommen könnte; bestimmt könnte es alle seine Fragen beantworten. Er blickte hinauf in den Himmel, beinahe, als erwarte er eine Vision. Doch leider veränderte sich der Himmel nicht. Kein Engelchor sang, keine himmlischen Lichter erhellten die Nacht. Nur eine kalte Winternacht, und ein Mann, der allein war mit seinen unbeantworteten Fragen.

Um sich zu wärmen, lief er über die Weiden und rieb die Hände aneinander. Seine müden Gedanken wanderten zu der einen Zeitspanne in seinem Leben, in der er noch dachte, dass er vielleicht doch wahres Glück und Zufriedenheit finden könnte.

Auf ihren Geschäftsreisen hatte er mit seinem Vater bei vielen Gelegenheiten die großen Handelszentren an den fernen Küsten des Meeres besucht. Dort trieb Micha Handel mit einem wohlhabenden Mann mit Namen

Isaak, mit dem er viele wertvolle Waren aus den Häfen von nah und fern tauschte. Beide Männer machten mit diesen lukrativen Transaktionen gute Geschäfte.

Auf einer dieser Reisen, Anam war etwa neunzehn Jahre alt, lernte er eine junge Frau kennen, die, wie sich später herausstellte, Isaaks Tochter war. Sie konnte gut mit Zahlen umgehen, und obwohl eine solche Arbeit für Frauen ganz und gar ungewöhnlich war, half dieses Mädchen ihrem Vater in seinem Geschäft bei der Buchhaltung. Sie hieß Judith, und als er sie zum ersten Mal erblickte, war Anam hingerissen. Sie hatte eine glatte Haut und dichte dunkle Haare, schöner als er es je gesehen hatte. Doch abgesehen von ihrer körperlichen Schönheit faszinierten ihn auch ihr schneller Geist und ihre Intelligenz. Eine Freundschaft entwickelte sich zwischen den beiden, und es dauerte nicht lange, bis unausweichlich die Flamme der jungen Liebe aufloderte.

Er wollte tun, was sich gehörte und was sein Herz ihm zu tun gebot. Und so suchte Anam seinen Vater auf und bat ihn um Erlaubnis, um die Hand dieses jungen Mädchens anhalten zu dürfen.

Anam erinnerte sich an die Reaktion des alten Mannes, als wäre es gestern gewesen. Mit traurigem Gesichtsausdruck schüttelte Micha langsam den Kopf.

„Ich fürchte, das ist nicht möglich, mein Sohn."

Anam sank in sich zusammen. „Aber warum nicht? Ist sie bereits einem anderen versprochen?“

„Nein.“

Verwirrt und zutiefst enttäuscht fragte Anam: „Habe ich irgendetwas getan? Habe ich sie oder ihre Familie irgendwie beleidigt?“

„Nein.“

Beide schwiegen, bis Micha ihm endlich die Wahrheit sagte.

„Anam, im Leben gibt es bestimmte Dinge, die nicht gerecht erscheinen. Es ist besser, wenn du dir bereits früh darüber bewusst wirst. Der Vater des Mädchens würde nie erlauben, dass du seine Tochter heiratest. Er blickt zurück auf eine lange und edle Abstammung. Er wird wollen, dass sie einen Mann heiratet, dessen Samen diese edle Blutlinie fortsetzen kann.“

In seiner Naivität entgegnete Anam: „Aber Vater, unsere Familie ist doch ebenfalls edler Abstammung. Kann ich denn nicht ein solcher Mann sein?“

Micha legte die Hand auf Anams Schulter. „Du weißt, dass du für mich ein Sohn warst, seit ich dich mit nach Hause brachte. Und das wirst du sein, bis ich meinen letzten Atemzug tue.“ Er seufzte tief. „Aber die Welt sieht das nicht so. Dein leiblicher Vater ist unbekannt, darum wissen wir nicht genau, wer du bist. Deine Kinder hätten keine Abstammung. Vielleicht finden wir ein Mädchen, dessen Familie nicht so ein hohes Ansehen hat. Dann könnten wir …"

Anam hatte sich gehorsam angehört, was sein Vater zu sagen hatte, doch der Schaden war angerichtet. Selbst jetzt noch, viele Jahre später, hallten Michas Worte in ihm wider: *Dein leiblicher Vater ist unbekannt.*

Anam zitterte in der kalten Nachtluft. Er legte die Arme um sich, um sich zu wärmen, und machte sich auf den Rückweg zum Lager. Würde er wohl je das Gefühl, nicht vollständig, wie ein Baum ohne Wurzeln, zu sein, abschütteln können? Ein solcher Baum, falls er überhaupt existierte, könnte nicht lange überleben. Er könnte sich nicht selbst erhalten. Er würde verwelken und absterben, und niemand würde sich je daran erinnern, dass er überhaupt da gewesen war. Anam war es, als sei seine Seele ohne Wurzeln, als würde sie ziellos einer Zukunft des Nichts entgegentreiben.

Schließlich erreichte er Elis Zelt. Sehr zu seinem Erstaunen entdeckte er ein schwaches flackerndes Licht darin. Als er den Kopf zum Zelteingang hereinsteckte, saß der alte Mann auf seiner Schlafstatt und hatte sich über große Pergamentrollen gebeugt. Eine kleine Lampe war seine einzige Lichtquelle. Sofort musste er an Micha denken, der ebenfalls eine große Liebe zum Wort Gottes hegte.

„Ich bitte um Entschuldigung", sagte Anam und neigte den Kopf, als er eintrat. „Ich wollte nicht stören."

Eli blickte ihn an. „Du störst nicht, mein Sohn. Im Alter ist es schwierig, die ganze Nacht durchzuschlafen. Das wirst du auch noch feststellen." Der alte Hirte lächelte. „Aber du scheinst ja auch unter Schlaflosigkeit zu leiden."

Anam trat einen Schritt näher, und Eli forderte ihn auf, sich zu ihm zu setzen, was er auch tat. In der Dunkelheit des Zeltes warf die tanzende Flamme der Lampe ein schwaches Licht auf die Gesichter der Männer. „Ich konnte keinen Schlaf finden, nicht nach dem, was ich an diesem Abend gehört habe."

Eli strahlte. „Dann hat dir unsere Geschichte von der wundersamen Begegnung also gefallen?"

Obwohl Anam es anders ausgedrückt hätte, war es wohl so. Die Geschichte von dem Engel und dem neugeborenen König faszinierte ihn. Doch das Böse, das diese Geburt zur Folge hatte, war und blieb ein Stolperstein und die Ursache für großen Schmerz. „Ein Teil hat mir ganz besonders gefallen. Das waren die Worte, die der Engel zu dir gesagt hat."

Anam griff in seine Tasche, holte vorsichtig die Lammfelldecke heraus, entfaltete sie voller Ehrfurcht und zeigte sie Eli. Der alte Mann las die Inschrift laut vor.

Verwirrung zeigte sich auf seinem Gesicht. „Wo hast du die gefunden?“

„Mein Vater … also, der Mann, den ich meinen Vater nenne … hat sie gefunden. Ich war als Baby darin eingewickelt. Die Frau, die vermutlich meine Mutter war, lag tot neben mir. Sie scheint ihr Leben gegeben zu haben, um meines zu retten. Denkst du, dass die Worte auf dieser Decke mich oder meine Familie irgendwie mit diesem Jesus in Verbindung bringen? Ich habe das Gefühl, als wäre ich zu dir geführt worden, um eine Antwort darauf zu finden.“

Eli blickte auf, schloss die Augen und murmelte ein Dankgebet. Als er seinen Blick wieder auf Anam richtete, sagte er: „Du bist tatsächlich hierher gesandt worden, um die Antworten zu finden, die du suchst. Jetzt ist mir alles klar. Ich kannte deinen Vater. Ich kannte ihn sogar sehr gut.“

Freude durchflutete Anams Körper, als er diese Worte hörte. In seinem ganzen Leben war dies der erste Mensch, der seine Eltern persönlich kannte. Sein Herzschlag beschleunigte sich vor freudiger Erwartung. Eli ließ ihn nicht zappeln.

„Dein Vater war mein Dienstherr. Ich habe früher seine Schafe gehütet.“

„Bitte, erzähle mir mehr“, forderte Anam aufgeregt.

„Nur zu gern erzähle ich dir, seinem Sohn, was für ein wundervoller Mann er war", erklärte Eli, der gegen seine Tränen ankämpfte. „Er liebte dich und deine Mutter sehr. Ihr beide wart das Licht seines Lebens. Ich erinnere mich noch gut, wie er vor Stolz und Freude über deine Geburt, die Geburt seines ersten und einzigen Sohnes, strahlte. Ach, er war so glücklich."

Anam saugte jedes Wort in sich auf.

„Nach der Sitte eures Volkes ließ er dich beschneiden und gab dir den Namen Stephanus."

Das größte Geheimnis seines Lebens war endlich aufgedeckt. Er kannte nun seinen richtigen Namen. Aber es gab noch so vieles, was er wissen wollte. Entzückt lauschte er Elis Bericht.

„Der Name deines Vaters war Issaschar. Er war Priester und ein sehr einflussreicher Mann in Bethlehem, der Vorsteher der Synagoge. Er leitete die Zeremonien bei Anbetungsgottesdiensten, Hochzeiten, Beerdigungen und allen religiösen Feier- und Festtagen. Issaschar war der Mann, zu dem die Leute kamen, wenn sie Rat brauchten, und alle hatten Respekt vor ihm wegen seiner Weisheit und seines Wissens um die Dinge Gottes."

In seinem Kopf wirbelten tausend Fragen durcheinander, doch er stellte die, die ihn im Laufe der Jahre am meisten beschäftigt hatte, zuerst.

„Die Frau, die wir für meine Mutter halten, scheint gestorben zu sein, als sie mich in Sicherheit bringen wollte. Aber was ist mit meinem Vater? Ist er noch am Leben?"

Bis jetzt schien Eli gern von Anams Vater erzählt zu haben. Doch sein Lächeln erstarb, als er sich räusperte und weitersprach. „Die traurige Antwort ist: Nein, er ist nicht mehr am Leben. Die Familien der Kinder, die dem Massaker zum Opfer fielen, haben ihn aus Rache umgebracht."

Mit diesen Worten löste sich der letzte Rest Hoffnung, sein Vater könnte vielleicht noch am Leben sein, in Luft auf. Seine Trauer verwandelte sich schnell in Zorn.

„Aber du hast doch gesagt, er sei eine einflussreiche Persönlichkeit in der Stadt gewesen und wegen seiner Weisheit sehr angesehen. Warum wurde er dann umgebracht? Ich verstehe das nicht."

Eli seufzte und deutete mit dem Kopf auf die Schriftrollen, die vor ihm lagen.

„Deinem Vater ist dasselbe zugestoßen wie diesen heiligen Männern aus alten Zeiten", erklärte er und deutete auf die Pergamentrollen. „Er starb, weil er die Worte Gottes weitergegeben hat."

„Mein Vater war ein Prophet?", fragte Anam verwirrt.

Eli dachte kurz über die Frage nach. „Vielleicht nicht im strengen Sinn des Wortes. Aber im Prinzip, denke ich, ist es dasselbe. Viele von Gottes heiligen Propheten wurden von genau den Menschen getötet, denen sie die Wahrheit verkündigen sollten, und dein Vater starb, weil er den Bewohnern Bethlehems weitergab, was er als wahr erkannt hatte."

Jetzt wurde Anam alles klar. „Das hat mit Jesus zu tun, nicht?"

Nickend bestätigte Eli das. „Ja", sagte er. „Lass mich erklären. Siehst du, ich habe deinem Vater viele Jahre nahegestanden. Ich kannte ihn sehr gut. Er war ein gerechter Mann und er war freundlich zu mir. Eigentlich gehörte er zu den wenigen Menschen, die ich kennengelernt habe, denen die Stellung eines Menschen im Leben nicht wichtig war. Er trat allen mit demselben Respekt gegenüber. Nach unserer wundersamen Begegnung mit dem Engel, und nachdem wir den neu geborenen König und seine Familie besucht hatten, begab ich mich sofort zu deinem Vater. Er sollte als Erster die freudige Nachricht hören."

„Und da du für ihn ein Freund warst, hat er dir geglaubt?"

„Oh nein", erwiderte der alte Hirte mit einem breiten Lächeln. „So jemand war dein Vater nicht. Er hatte keinen Grund, mir nicht zu glauben, aber in Bezug auf die Dinge Gottes ließ er sich von Gott selbst eine Bestätigung geben."

„Was heißt das, von Gott selbst?“

„Lass mich erklären. Erst begleitete er mich zu dem Kind. Er freundete sich mit Josef und Maria an und kam zu der Erkenntnis, dass sie ganz besondere Menschen im Plan Gottes waren. Doch auch das stellte ihn nicht voll zufrieden. Weißt du, Anam, dein Vater kannte sich in der Tora sehr gut aus. Man erzählte sich, dass er jedes Wort aus der Erinnerung aufsagen konnte, und ich zweifelte nicht daran. Er suchte in den alten Prophezeiungen nach der Bestätigung der Worte des Engels.“

„Und fand er sie?“

„Allerdings“, erwiderte Eli lächelnd. „Ich erinnere mich, als wäre es gestern gewesen, an den Morgen, als er vor der Gemeinde in der Synagoge stand und verkündete, der Tag der Erlösung, den Gott versprochen hätte, sei endlich angebrochen. Er erzählte der Versammlung, die heiligen, von Gott inspirierten Worte in den heiligen Schriften hätten bestätigt, dass Jesus der Messias sei.“

„Und haben sie meinem Vater geglaubt?“ Anams Atem beschleunigte sich. Es war ungewohnt, von diesem Mann, den er nie kennengelernt hatte, als „Vater“ zu sprechen. Ungewohnt, aber sehr schön.

„Zuerst schon. Sie freuten sich über die gute Nachricht, die er ihnen brachte, und betrachteten es als eine große Ehre, dass Bethlehem der Geburtsort des Erlösers war. Doch dann …“ Elis Stimme brach und er verstummte.

„Bitte, Eli. Ich muss auch den Rest der Geschichte hören.“

„Doch dann begann die große und schreckliche Tragödie. König Herodes erfuhr von diesen Ereignissen. Und in seiner Eifersucht und seinem Bestreben, seine Macht zu schützen, lenkte er den Zorn seiner Soldaten auf das kleine Städtchen Bethlehem.“

„Ich … in der Stadt hat man mir erzählt, wie schrecklich dieser Ausbruch von Gewalt war. Diese vielen Babys, die so sinnlos ermordet wurden …“

Die Augen des alten Mannes füllten sich mit Trauer. „Dieses Ereignis wurde bekannt als die Ermordung der Unschuldigen. In ihrem Zorn und ihrer Trauer gingen die Stadtbewohner zu deinem Vater und fragten ihn, ob er immer noch an diesen Jesus glaube. Sie verspotteten ihn und forderten, dass er dem Namen dieses Außenseiters abschwören solle, der nichts als Tod und Vernichtung in ihre friedliche Gemeinschaft gebracht hätte.“

Anam schwieg eine Weile. Er wollte gerade fragen, ob sein Vater daraufhin Jesus verleugnet hätte, doch er hatte das Gefühl, die Antwort bereits zu kennen.

„Dein Vater war ein tapferer Mann, Anam. Eine blutrünstige Gruppe trauernder Familienangehöriger sammelte sich vor seiner Synagoge und forderte, er solle den Namen Jesu verfluchen und bereuen, dass er ihn den Messias genannt hätte. Aber dein Vater weigerte sich standhaft und beteuerte, nicht einmal der Tod könne ihn in seiner Überzeugung erschüttern. Die gewalttätige Menge hob Steine auf und griff ihn erbarmungslos an. Und in ihrem mörderischen Zorn brannten sie die Synagoge nieder. Er hielt sich darin auf. Die Ruinen dieses einst so prächtigen und heiligen Gebäudes liegen bis zum heutigen Tag darnieder und vermodern."

Die traurige Geschichte schnitt Anam ins Herz. Aber da gab es noch etwas, das er wissen wollte.

„Eli, ich glaube, dass meine Mutter in der Nacht des Gemetzels starb. War es, wie ich immer gedacht habe … hat sie ihr Leben verloren, weil sie versuchte, mich zu retten?"

„Ja. Das ist höchstwahrscheinlich so gewesen. Kurz vor dem Massaker brach dein Vater nach Jerusalem auf. Er hatte in der Synagoge von Jerusalem etwas zu erledigen. Deine Mutter Lydia war eine liebe und freundliche Frau und sie liebte dich unermesslich. Ich habe sie gewarnt, dass die Soldaten unterwegs seien. Sie floh mit dir in die Dunkelheit, in ihrem Nachtgewand. Das Einzige, das sie mitnahm, war diese Decke, die du jetzt in Händen hältst."

„Du wusstest von dieser Decke? Bitte erzähle mir ihre Geschichte und wie es kommt, dass die Worte des Engels darauf niedergeschrieben sind."

„Das war das Lammfell, das wir Hirten Jesus in der Nacht seiner Geburt schenkten. An vielen kalten Nächten wickelte Maria das Baby Jesus hinein. Wie du dir vorstellen kannst, bedeutete diese Decke Maria sehr viel. Sie und deine Mutter waren in den Monaten vor deiner Geburt enge Freundinnen geworden. Nach deiner Geburt wollte Maria deiner Mutter ein besonderes Geschenk machen, darum schenkte sie ihr diese Decke. Das war wirklich eine Liebesgabe von ihr.

In meiner Gegenwart schrieb dein Vater diese Worte auf das Lammfell. Er wollte festhalten, was der Engel gesagt hatte. Ich wiederholte die Worte für ihn. Er war ein sehr kluger und gebildeter Mann, und er formulierte die Worte als ein Gebet und als ein Zeugnis dessen, was er glaubte. Er hat das nur für dich getan, damit du eines Tages, wenn du älter bist, auch daran glauben kannst."

Eli schloss die Augen, wandte den Blick zum Himmel und sprach voller Inbrunst die Worte, die auf dem Lammfell standen. „Ehre sei Gott in der Höhe und Friede auf Erden allen Menschen seines Wohlgefallens, durch Jesus Christus, der von Maria in einem Stall in Bethlehem geboren wurde, und der in Windeln gewickelt in einer Krippe lag, er, der der Retter der Welt ist.“ Tränen liefen Eli über das Gesicht, als er das Gebet beendete.

Für Anam war es unfassbar, dass er und Jesus als neu geborene Babys in dieselbe Decke gewickelt worden waren und dass sein Vater glaubte, dieses Kind sei tatsächlich der Messias. Dadurch empfand Anam eine ganz besondere Verbindung zwischen sich und Jesus. Er konnte es nicht erklären, aber er spürte es in der tiefsten Tiefe seiner Seele.

„Dein Vater hat dich sehr geliebt“, fuhr Eli fort. „Er sagte, falls ihm je etwas zustoßen sollte, sollte ich dir von Jesus erzählen, wenn du alt genug seist, um es zu verstehen. Aber niemand wusste etwas über deinen Verbleib. Wir alle nahmen an, du seist wie die vielen anderen tot.“

Anam lief ein Schauer über den Rücken. Das alles war zu unglaublich, um es auf einmal zu verarbeiten.

Der alte Hirte legte seine Hand auf Anams Schulter. „Doch jetzt hat der Herr dich genau zum richtigen Zeitpunkt zu mir geführt.“

— Kapitel 7 —

Anam blieb noch ein paar Tage bei den Hirten. Er wollte so viel wie möglich über seine Eltern und seine Abstammung erfahren. Auch über Jesus wollte er gern mehr wissen, aber die Hirten hatten seit dem von Herodes initiierten Massaker nichts mehr von ihm oder seiner Familie gehört. Eigentlich konnte Eli nicht einmal mit Sicherheit sagen, ob Jesus noch am Leben war. Doch die Hirten hatten sich hier zusammengefunden, um seiner Geburt zu gedenken. Wie seltsam, dass sie sich noch so viele Jahre nach seinem Verschwinden an die Hoffnung klammerten, dass Jesus der versprochene Messias war.

Schließlich fand Anam, dass es Zeit war, aufzubrechen. Alle seine Fragen waren beantwortet. Jetzt kannte er nicht nur seinen richtigen Namen, sondern auch die Identität seines Vaters und seiner Mutter und wie und warum sie gestorben waren. Doch dieses Wissen brachte ihm keine Ruhe für sein rastloses Herz. Im Gegenteil, eigentlich hatte es einen inneren Aufruhr zur Folge, wie er ihn noch nie erlebt hatte. Dieses Wissen warf Fragen auf über seinen Vater und seine Überzeugungen und zwangen ihn, sich mit seinen eigenen Glaubensüberzeugungen auseinanderzusetzen und zu überlegen, wie er sein Leben von nun an gestalten wollte.

Anam dankte Eli und den anderen Hirten für ihre Gastfreundschaft und machte sich bereit für die lange Heimreise. Samuel brachte ihm einen großen Beutel mit Reiseproviant und anderen Dingen, die ihm seine Reise erleichtern sollten.

„Du bist sehr freundlich", sagte Anam. „Ich kann dir das nicht vergelten."

„Dein Lächeln und das Wissen, dass du auf deiner Reise einen vollen Magen haben wirst, sind mir Dank genug", erwiderte Samuel.

Eli umarmte Anam. „Dein Kommen war wirklich von Gott geführt. Davon bin ich überzeugt."

„Ich auch", erwiderte Anam leise.

„Hier", Eli reichte Anam eine große Schriftrolle, die durch eine Silberklammer zusammengehalten wurde, „du sollst das hier haben."

Anam nahm sie in Empfang und fragte: „Was ist das?"

„Eine Gabe deines Vaters. Er schenkte mir diese Schriftrolle als Dank dafür, dass ich mit den Neuigkeiten von den Lippen des Engels zuerst zu ihm gekommen war. Sie ist mir so wertvoll, dass ich sie immer an meinem Herzen getragen habe. Jetzt ist es an der Zeit, sie an dich weiterzugeben."

„Dieses Geschenk kann ich nicht annehmen. Du hast doch gesagt, sie sei dir so wertvoll. Du darfst nicht …"

„Doch, aber ich brauche sie nicht mehr als Schriftrolle bei mir zu tragen. Was von dem Geist ist, wird für immer bei mir sein."

Anam verstand Elis Worte nicht so ganz, aber er wollte nicht mehr widersprechen. „Danke", sagte er deshalb, und machte sich auf den Weg, nachdem er sich noch einmal von allen verabschiedet hatte.

Nach einer Weile erreichte er wieder die Hauptstraße. Sein Heimweg führte ihn durch die Stadt Bethlehem, allerdings hatte er dieses Mal nicht die Absicht, dort eine Rast einzulegen. Plötzlich fiel ihm ein, was Eli von der Synagoge erzählt hatte, in der sein Vater getötet worden war. Er hatte gesagt, dass die Ruinen bis auf den heutigen Tag zu sehen seien.

Ein Bauer reparierte einen Zaun auf seinem Land. Er trat auf den Mann mittleren Alters zu. „Guter Herr, könntest du mir wohl den Weg zu den Ruinen der Synagoge erklären, die vor dreißig Jahren in dieser Stadt gestanden hat?"

Der Bauer blickte ihn misstrauisch an. „Sie wurde zerstört, als ich noch klein war. Das ist doch nur ein Trümmerhaufen. Warum willst du wissen, wo sie gestanden hat?"

„Das ist schwer zu erklären, aber bitte, ich wäre dankbar für deine Hilfe."

Der Bauer strich sich über sein Kinn und zuckte schließlich die Achseln. „Na gut, ich denke, schaden kann es ja nicht." Er erklärte Anam den Weg zu einer Stelle am äußeren Stadtrand, nahe des Waldes.

Auf dem Weg zu den Ruinen des Heiligtums gingen Anam Elis Worte nicht aus dem Sinn. Anams Vater Issaschar war ganz offensichtlich ein mutiger Mann gewesen.

Er war gestorben, weil er zu seinen Glaubensüberzeugungen gestanden hatte. *Aber dieser Glaube an Jesus, welchen Sinn machte er? Immerhin war dieser Jesus doch nur ein kleines Baby gewesen. Wie konnte sein Vater so sicher sein, dass er der Messias war?* Ein Kind konnte alle möglichen Wege im Leben einschlagen. Anam konnte sich nicht vorstellen, wieso sein Vater so fest überzeugt davon war, dass dieser Junge einmal eine gewisse Größe erreichen würde.

Und welchen Grund gab es überhaupt anzunehmen, dass er noch am Leben war? Nach dem, was alle, mit denen er gesprochen hatte, sagten, hatten die Soldaten kurz nach Jesu Geburt alle männlichen Babys getötet. Da es Jesus war, auf den sie es eigentlich abgesehen hatten, wäre es doch logisch anzunehmen, dass sie ihn tatsächlich gefunden und umgebracht hatten. Wenn das so war, dann wäre sein Vater ganz umsonst gestorben. Er wäre getötet worden, weil er einen verteidigt hatte, der bereits tot war!

Anam bog von der Hauptstraße ab, wie der Bauer es ihm erklärt hatte. Diese alte überwucherte Seitenstraße führte zu den Ruinen der Synagoge. Die Vögel am Himmel gingen ihren Alltagsgeschäften nach, flatterten unbesorgt im Sonnenschein von einem Baum zum nächsten und spürten nicht, dass das Herz eines Menschen in der

Mitte entzweigerissen war. Manchmal beneidete Anam sie. Das Leben der Tiere schien so einfach und sorgenfrei zu sein.

Erneut wanderten seine Gedanken zu Jesus zurück. Selbst wenn er dieses Massaker überlebt haben sollte: Welchen Grund gab es für Anam anzunehmen, dass er tatsächlich der Messias war? Sicher, dieser gute Mann, der, wie er jetzt wusste, sein Vater war, glaubte fest daran, dass Jesus der Versprochene Israels war, genau wie die Hirten. Aber das war vor vielen Jahren gewesen, und seither hatte man nichts mehr von Jesus oder seiner Familie gehört, soweit Anam wusste. *War es möglich, dass sich alle geirrt hatten? Konnte es sein, dass die Stadtbewohner Bethlehems doch recht hatten?* Wenn das so war, dann hatte die Leichtgläubigkeit seines Vaters und der Hirten Tod und Blutvergießen zur Folge gehabt. Vielleicht zeigte der beharrliche Glaube der Hirten nur, dass sie starrköpfige alte Männer waren, die sich, aus Schuldgefühlen oder Stolz oder sogar beidem, weigerten einzugestehen, dass sie sich geirrt hatten. Aber andererseits: Ihr Glaube wirkte so rein.

Wenn er tief in sich hineinhörte, machten sich, wann immer Anam einer Schlussfolgerung nahekam, doch wieder Zweifel und neue Fragen bemerkbar, und seine Suche nach Antworten begann von vorn.

Der Pfad, auf dem er lief, war jetzt ziemlich stark von Unkraut überwuchert und schien ins Nichts zu führen. Anam schwitzte, er war müde, und er fing an zu überlegen, ob er diese törichte Idee nicht einfach vergessen und seinen Heimweg fortsetzen sollte. Doch als er um eine Kurve bog, hatte er sein Ziel erreicht. Eine Lichtung lag vor ihm, und als er näher kam, war das Fundament eines großen Gebäudes zu erkennen, obwohl es nicht mehr war als ein riesiges Loch im Boden. In dem Loch lagen verkohlte Holzbohlen, die langsam vermoderten, nachdem sie viele Jahre Wind und Wetter ausgesetzt waren.

„Dies war also dein heiliger Ort, mein Vater", flüsterte Anam. Ein leichter Wind strich durch seine Haare.

Er trat näher, um sich ein wenig umzusehen. Viel war nicht übrig geblieben. Die verkohlten Überreste einiger Möbelstücke, es mochten die Bänke gewesen sein, auf denen die Versammlung während der Anbetungsgottesdienste gesessen hatte, lagen vereinzelt herum, aber nicht viel mehr. Dies war eindeutig ein Ort, dem die Menschen vor langer Zeit den Rücken gekehrt hatten. Auf Anam wirkte er wie ein einsamer, verlassener Ort, den selbst die Zeit vergessen hatte. Er blickte sich um, und ihm fiel auf, dass es hier nicht einmal Vögel gab, obwohl er auf der Straße doch viele gesehen hatte. *Offensichtlich haben Mensch und Tier diesen Ort aufgegeben*, dachte er.

In der Nähe der Stelle, die vermutlich der Eingang gewesen war, stieß er auf einen großen Stein. Er ließ sich darauf nieder und schloss die Augen.

„Issaschar, mein Vater", sagte er in den flüsternden Wind, „in meinem Herzen weiß ich, dass du ein guter Mann warst. Und ich glaube, dass du und Mutter nur das Beste für mich gewollt habt. Doch jetzt brauche ich deine Führung. Kannst du mir ein Zeichen geben, das mich zu der Wahrheit führt?"

Nur der leise Wind antwortete.

Anam stand auf und streckte sich. So gern er auch bleiben und mehr über seine Vergangenheit herausfinden wollte, dieser Ort gab ihm keine Antworten. Gerade als er sich wieder auf den Weg machen wollte, kippte der Sack, den er auf dem Stein abgestellt hatte, um und stürzte zu Boden. Als er ihn aufheben wollte, sah er, dass die Schriftrolle, die Eli ihm geschenkt hatte, aus dem Sack gerutscht war, und die Silberklammer, die die Rolle zusammenhielt, sich geöffnet hatte. Er bückte sich, um sie aufzuheben, und sein Blick fiel auf eine Zeile, die seine Aufmerksamkeit fesselte.

In großer, sorgfältiger, beinahe zarter Schrift standen da die Worte: „Das Zeugnis von Issaschar". Anam erkannte die Schrift. Es war dieselbe Schrift wie auf dem Lammfell. Die Schriftrolle war brüchig und verschmutzt.

Offensichtlich hatte Eli sie oft aufgerollt. Anam musste jetzt einfach nachsehen, was darin stand. Er ließ sich erneut auf den Stein sinken, nahm die Rolle in die Hand und fing an zu lesen.

Sein Herzschlag beschleunigte sich, als er die Geschichte las. Issaschar bezeugte, dass Jesus der Messias sei, und er belegte seine Überzeugung mit den Worten der Propheten. Jesus war tatsächlich derjenige, von dem sie geschrieben hatten. Er hatte auch die Zeugnisse einiger Leute niedergeschrieben, die die außergewöhnlichen Ereignisse im Zusammenhang mit der Geburt Jesu erlebt hatten. Was sein Vater zusammengetragen hatte, war wirklich bemerkenswert.

Doch der zwingende Beweis fand sich in den Schriften. Auf der Pergamentrolle waren verschiedene Verweise auf die alten Schriften der Propheten vermerkt. Aus dem Buch Jesaja stand da zu lesen: *Darum wird euch der Herr selbst ein Zeichen geben: Siehe, eine Jungfrau ist schwanger und wird einen Sohn gebären, den wird sie nennen Immanuel.* (Jesaja 7,14; LÜ 84) In allen Berichten, die Issaschar von verschiedenen Zeugen gehört hatte, auch von einem hoch angesehenen Priester mit Namen Zacharias, der ein enger Verwandter von Maria war, gab es keinen Zweifel daran, dass Maria, die Mutter von Jesus, eine Jungfrau war.

Fasziniert las Anam von drei einflussreichen Männern, den Gelehrten aus fernen Ländern, die gekommen waren, um Jesus ihre Huldigung zu bringen. Sie folgten einem hellen Stern nach Bethlehem, der dieses wundersame Ereignis ankündigte. Jesaja hatte ihren Besuch in allen Einzelheiten beschrieben: *Und die Heiden werden zu deinem Lichte ziehen und die Könige zum Glanz, der über dir aufgeht … Gold und Weihrauch bringen und des Herrn Lob verkündigen.* (Jesaja 60, 3–6; LÜ 84) Mit eigenen Augen hatte Issaschar die Geschenke gesehen, die die Gelehrten Jesus gebracht hatten, und dazu gehörten tatsächlich Gold und Weihrauch.

Bemerkenswert, sogar von den Hirten wurde in den alten Schriften erzählt. Aus dem Buch der Psalmen hatte Issaschar folgendes aufgeschrieben: *Vor ihm sollen sich neigen die Söhne der Wüste.* (Psalm 72, 9; LÜ 84)

Besonders beeindruckte Anam die Prophezeiung des Propheten Micha, nach dem sein Adoptivvater benannt worden war: *Und du, Bethlehem Efrata, die du klein bist unter den Städten in Juda, aus dir soll mir der kommen, der in Israel Herr sei, dessen Ausgang von Anfang und von Ewigkeit her gewesen ist.* (Micha 5,1; LÜ 84)

Diese Prophezeiung war viele Jahrhunderte zuvor niedergeschrieben worden, doch sie hatte sich bis ins Kleinste erfüllt. Anam kam zu dem Schluss, dass alle diese

Zeichen und die vielen anderen, die Issaschar zusammengetragen und niedergeschrieben hatte, auf keinen anderen als Jesus, den Messias, weisen konnten. Er las stundenlang weiter, war so vertieft in seine Lektüre, dass er tatsächlich die Zeit vergaß.

Als Anam zum Schluss gekommen war, rollte er die Schriftrolle vorsichtig wieder auf und befestigte sie mit der Silberklammer. Er küsste das raue Pergament, bevor er sie voller Ehrfurcht wieder in den Beutel mit der Wegzehrung steckte, die Samuel ihm mitgegeben hatte.

Alle Hinweise, die sein Vater Issaschar, der Priester, zusammengetragen hatte, zeugten davon, dass Jesus der Messias war. Anam empfand einen tiefen Respekt vor diesem Mann, den er nie kennengelernt hatte.

„Doch dein Blut fließt in meinen Adern", flüsterte er.

Sein Vater war wirklich ein weiser Mann gewesen. Er hatte im Wort Gottes geforscht, und als der Messias kam, war er bereit, ihn willkommen zu heißen. Sein Glaube an Gott und an die Propheten war unerschütterlich. Er hatte ihn mit seinem Leben bezahlt.

Aber was ist mit mir?, fragte sich Anam. *Nun, da auch ich diese große Wahrheit kenne, was soll ich damit anfangen? Schweige ich still darüber, oder wurde auch ich erwählt, ein Zeuge zu sein?* Im Gegensatz zu seinem Vater war Anam diesem Jesus nie begegnet. Sein Leben war bedeutungslos. Nachdem er nun die Wahrheit über seine Eltern erfahren hatte, sollte er vielleicht einfach nach Hause zurückkehren, mit einem netten Bauernmädchen eine Familie gründen und den Rest seines Lebens genießen.

Als Anam sich wieder auf den Weg machte, kam ihm der Gedanke, dass er sich, bevor er Bethlehem hinter sich ließ, noch bei Johanan, dem Gastwirt, bedanken wollte. Er war so freundlich gewesen, ihm zu erklären, wo er die Hirten auf ihrer Winterweide finden konnte. Micha hatte ihm beigebracht, dass es wichtig war, den Menschen, die ihm halfen, Dankbarkeit zu zeigen. Es schien ihm angebracht.

Als er das Gasthaus erreichte, war es bereits später Nachmittag, und die Sonne sank langsam am Horizont immer tiefer.

Er trat in den Gastraum ein. Johanan sah viel glücklicher aus als bei seinem ersten Besuch. Dieses Mal saß er mit einer kräftigen, matronenhaften Frau am Abendbrottisch.

Beide wandten sich ihm zu, als Anam hereinkam.

„Wir haben einen Gast“, sagte die Frau.

Johanan strahlte ihn an. „Ah, ich kenne diesen Herrn. Meine Liebe, das ist der Mann, von dem ich dir erzählt habe.“

Anam war verblüfft. *Warum sollten sie über mich reden?*, fragte er sich.

Als Johanan darauf bestand, dass er mit ihnen zu Abend aß, nahm Anam am Tisch Platz. Der Gastwirt stellte die Frau als seine Frau Raisa vor.

„Als ich vor zwei Tagen hier war", sagte Anam, „warst du krank und konntest nicht mit deinem Mann zu Abend essen. Ich freue mich, dass es dir wieder besser geht."

„Gelobt sei Gott", erklärte Raisa. „Man hatte mich darüber aufgeklärt, dass ich nicht mehr gesund werden würde. Wir alle dachten, dass diese Krankheit zum Tod führen würde. Meine Verwandten hatten meine Begräbnisstätte bereits vorbereitet. Doch in seiner Güte hat uns der Herr einen Heiler gesandt und jetzt fühle ich mich wieder gesund wie ein junges Mädchen."

Das war wirklich unglaublich. Die Gebete für die Kranken gehörten schon immer zur heiligen Tradition, aber von so einer wundersamen Heilung hatte Anam noch nie gehört.

„Das sind wirklich schöne Neuigkeiten. Bitte erzählt mir, wie es dazu kam."

Johanan blickte Anam direkt in die Augen.

„Du wirst das vielleicht kaum glauben können, aber heute kam eine Gruppe Fremder nach Bethlehem. Ihr

Anführer war ein Rabbi, der sich seit einiger Zeit einen Ruf als Wunderheiler macht. Normalerweise halte ich nicht viel von solchen Behauptungen. Doch da meine geliebte Raisa dem Tode nahe war, hatte ich das Gefühl, keine Wahl zu haben, und suchte ihn auf. Ich lud ihn in mein Haus ein. Und in dem Augenblick, als er Raisa die Hände auflegte, stand sie von ihrem Bett auf und war gesund. Dieser Rabbi sagte zu ihr: ‚Dein Glaube hat dich geheilt, Frau.' Das war absolut unglaublich."

Johanans nächster Satz war noch verblüffender.

„Der Mann ist der, den sie Jesus nennen."

Anams Kehle zog sich zusammen. Das war beinahe zu viel.

„Jesus, dieser Jesus, dessen Namen du nicht hören wolltest?"

Johanan nickte zustimmend. „Ja, er war es. Jesus und einige seiner Jünger zogen durch die Stadt und er zeigte ihnen den Ort seiner Geburt. Ich weiß jetzt, dass er keine Schuld an dem Massaker trug. Es war die Tat böser Menschen, die eifersüchtig waren auf seine Macht und ihn töten wollten. Doch er überlebte ihren hinterhältigen Plan und wurde erwachsen, um gute Taten zu vollbringen und das Heil zu verkündigen. Dieser Mann, das glaube ich jetzt, wurde wahrhaftig von Gott gesandt, um sein Volk zu erlösen."

„Mein Mann hat mir erzählt, dass du ein Lammfell besitzt, auf dem die Worte des Engels stehen, der die Geburt Jesu angekündigt hat", sagte Raisa zu Anam. „Auf eine geheimnisvolle Weise scheint es einen Zusammenhang zu deiner eigenen Geburt zu geben."

„Ja. Ja, das ist so." Anam freute sich zu hören, dass Jesus ganz in der Nähe war. Er hatte das Gefühl, dass sein Leben keine Erfüllung finden würde, wenn er ihm nicht gegenübertreten würde.

„Ich würde diesen Jesus gern kennenlernen. Wo kann ich ihn finden?"

Der Gastwirt erklärte, dass Jesus und seine Jünger nicht lange in Bethlehem geblieben seien. Sie hatten die Stadt schnell wieder verlassen, denn sie wollten keinen Ärger mit den Stadtbewohnern bekommen. Er war ganz eindeutig ein Mann des Friedens, der Gewalt und Streitigkeiten aus dem Weg ging.

Jesus hatte seinen Jüngern den Stall gezeigt, in dem er zur Welt gekommen war. Dann wollte sich die Gruppe auf die Suche nach den Hirten auf ihrer Winterweide machen.

„Sie sind vor wenigen Stunden aufgebrochen", erklärte der alte Mann. „Wenn du dich beeilst, holst du sie vielleicht noch ein."

Johanan erklärte ihm, wie er eine Abkürzung durch

raues Land nehmen könnte. Dieser Weg würde ihm viel Zeit sparen.

Anam dankte dem Mann und seiner Frau für ihre Gastfreundschaft. Dann machte er sich wieder auf den Weg. Er hoffte, endlich herauszufinden, ob das, was er als wahr erkannt hatte, tatsächlich der Wahrheit entsprach.

— Kapitel 8 —

Anam rannte so schnell er konnte über einen schmalen, kaum zu erkennenden Pfad vor der Stadt und erreichte das Lager der Hirten, als sich gerade die Dämmerung über das Land legte. Seine Arme und Beine waren übersät mit Kratzern von den Dornen und Ästen, die den Weg stellenweise überwuchert hatten. Doch das kümmerte ihn nicht. Als er sein Ziel erreichte, entdeckte er wieder zuerst Jonas, den jungen Hirten, den er bei seiner ersten Ankunft vor einigen Tagen als Ersten kennengelernt hatte. Er räumte gerade die Reste des Abendessens fort.

„Jonas, mein Freund“, rief er. „Ich bin so froh, dich zu sehen.“

Jonas wirbelte herum.

„Anam! Wir dachten, du seist in deine Heimatstadt zurückgekehrt. Stimmt was nicht?“

„Nein, alles ist gut. Ich will nur wissen, ob er schon da ist.“

Jonas legte den Kopf zur Seite.

„Ob *wer* schon da ist?“

In diesem Augenblick war Anam klar, dass Jesus und seine Freunde vermutlich noch nicht eingetroffen waren. Die Abkürzung, die er genommen hatte, hatte ihm viel Zeit gespart, und er war noch rechtzeitig gekommen.

„Das wirst du schon sehen“, erwiderte er lächelnd. „Wo ist Eli?“

„Unten am Fluss, zusammen mit den anderen. Sie wollen sich waschen und für das Abendgebet vorbereiten. Ich werde auch gleich hinuntergehen, sobald ich hier fertig bin.“

Anam half ihm, das Kochgeschirr wegzuräumen.

„Jonas“, sagte er, „ich glaube, heute Abend werden alle unsere Gebete erhört werden.“

Schnell erledigten sie ihre Aufgabe und begaben sich hinunter zu dem kleinen Fluss zu Eli und den anderen

Hirten. Alle waren erstaunt, Anam so bald schon wieder zu sehen, vor allem Eli.

„Ist alles in Ordnung, mein Sohn? Warum bist du nicht nach Hause zurückgekehrt?“

Noch bevor Anam antworten konnte, deutete Samuel in die Ferne.

„Seht nur!“, sagte er. „Da hinten kommen ein paar Männer über die Bergkuppe.“ Tatsächlich stiegen drei Fremde den Berg hinunter. Die untergehende Sonne tauchte ihre Silhouetten in einen beinahe überirdischen Schein.

„Wir beginnen mit unseren Gebeten, behalten sie aber sehr genau im Auge“, warnte Eli. Er wandte sich an Anam. „Wie wäre es, wenn du dich daran beteiligst? Wir sprechen dieses Gebet jeden Morgen und jeden Abend … um uns an das zu erinnern, was der Engel gesagt hat. Ich denke, du wirst es erkennen.“

Die Hirten stellten sich in einem Kreis auf und wiederholten voller Ehrfurcht die Worte, die sich schon lange in ihr Gedächtnis eingebrannt hatten. „Ehre sei Gott in der Höhe und Friede auf Erden allen Menschen seines Wohlgefallens, durch Jesus Christus, der von Maria in einem Stall von Bethlehem geboren wurde, und der in Windeln gewickelt in einer Krippe lag, er, der der Retter der Welt ist.“

Als sie geendet hatten, waren die drei Fremden bis auf wenige Schritte herangekommen.

Alle wandten sich den Neuankömmlingen zu. Sie kamen ihnen nicht bekannt vor. Als sie die kleine Gruppe erreicht hatten, sagte ihr Anführer, ein großer, schlanker Mann mit langen braunen Haaren, einem dichten Bart und durchdringenden braunen Augen: „Friede sei mit euch, meine Freunde."

Die Hirten blickten den Mann misstrauisch an. Nach einer unbehaglichen Stille fragte Eli: „Wer bist du?"

Der Fremde lächelte ihn strahlend an.

„Einer, der dich liebt."

Diese seltsame Erwiderung schien Eli zu verblüffen. „Nun, wenn das so ist, dann wärst du der Erste seit vielen Jahren."

Der Fremde trat näher. Auf seinem Gesicht lag ein so liebevoller Ausdruck, dass alle Anspannung von den Hirten abfiel. „Ich bin ein Rabbi. Diese beiden Männer sind meine Jünger. Ich bin hergekommen, um ihnen den Ort zu zeigen, wo ich geboren wurde, und um einige lang verlorene Freunde zu suchen."

„Dann bist du in der Nähe von Bethlehem zur Welt gekommen?", fragte Eli.

„Ja. Während der Volkszählung. Wir lebten nur kurz in Bethlehem, aber ich wollte einige Männer treffen, die meine ersten Freunde waren und die meiner Familie in dieser Zeit sehr geholfen haben."

Anam fiel auf, dass Eli das Gesicht des Fremden eindringlicher musterte. Der Mann war eine strahlende Erscheinung, obwohl er eher bescheiden gekleidet war. Er sah ganz anders aus als andere Rabbis, die Anam kannte. Rabbis trugen normalerweise bunte, mit Fransen besetzte Gewänder. Das Gewand dieses Mannes dagegen war sehr einfach, verlieh ihm aber trotzdem eine gewisse Würde. Und Rabbis waren normalerweise wohlgenährt, da sie von den Almosen der Gläubigen gut leben konnten. Dieser Mann war schlank, muskulös und sah sehr gut aus.

Das Lächeln und sein liebevoller Ausdruck wichen nicht aus dem Gesicht dieses ansehnlichen Fremden. Nach einer kurzen Pause ergriff er wieder das Wort.

„Beim Näherkommen habe ich euer Gebet gehört. Ein sehr ungewöhnliches Gebet. Wo habt ihr das gelernt?"

Eli, dessen Blick wie gebannt an dem strahlenden Gesicht des Fremden hing, antwortete: „Das ist ein Gebet, das uns ein Engel des Herrn vor langer Zeit beigebracht hat. In einer kalten Nacht kam der Engel zu uns und der Himmel war so hell wie der Tag. Der Engel kündigte die Geburt des Messias in Bethlehem an."

„Des Messias? Ist das dieser Jesus, von dem ihr in

eurem Gebet gesprochen habt? Ist er euer Messias?“ Der Fremde lächelte immer noch.

„Ja, mein Herr. Sein Name ist Jesus. Aber er ist nicht nur *unser* Messias. Er wurde von Gott gesandt zur Rettung der ganzen Welt. Wir haben ihn in jener Nacht als neu geborenes Baby angebetet. Oh! Er war so hübsch! Und seine Mutter …“

„Was ist aus dem Kind geworden? Lebt es noch?“

„Ich wünschte, wir wüssten es. Ich habe gehört, dass die Familie mit ihm vor Herodes’ Massaker aus Bethlehem geflohen ist, aber seither haben wir nichts mehr von ihm gehört. Wir sind verfolgt und wie Mörder behandelt worden, aber das wäre es wert gewesen, wenn wir nur wüssten, dass der Junge noch am Leben ist. Trotzdem, auch wenn wir ihn nie wieder sehen würden, würden wir allen, die zuhören, sagen: ‚Der Messias ist geboren. Der Retter ist auf der Welt. Die Engel haben es uns gesagt und Engel lügen nicht.‘“ Eli wurde immer lebhafter. „Und darum wiederholen wir jeden Morgen bei Sonnenaufgang und jeden Abend, wenn sich der erste Stern am Himmel zeigt, diese Worte des Engels als Gebet und bitten Gott, uns Jesus zu zeigen.“

Eine Träne glitzerte im Auge des Fremden.

Er breitete seine Arme aus, als wollte er die ganze Gruppe umarmen. Mit starker, liebevoller Stimme sagte er: „Heute Abend hat Gott euer Gebet erhört. Ich bin es, Jesus."

Alle Männer fielen auf die Knie.

„Du? Oh Herr!" Der alte Mann küsste Jesu Füße und Tränen strömten über sein Gesicht. Fassungslos und mit großen Augen knieten die anderen ebenfalls nieder.

„Ich habe so oft gebetet, dass ich dich in meinem Leben noch einmal wiedersehen darf", sagte Eli. „Jetzt bin ich zufrieden, selbst wenn ich heute sterben müsste, dass meine Hoffnung nicht vergebens war."

„Bitte steht auf. Sagt mir eure Namen. Meine Mutter hat oft von euch gesprochen. Ich wollte euch kennenlernen. Ich bin gekommen, um bei euch zu bleiben, mit euch zu essen, euch zu trösten und euer Freund zu sein."

Nachdem die Hirten den besonderen Gast begrüßt hatten, betete Jesus mit den Männern und stellte sie seinen beiden Jüngern, den Brüdern Jakobus und Johannes vor. Die Gruppe kehrte zum Lager zurück und entzündete ein großes Freudenfeuer. Dann setzten sie sich um das Feuer und lauschten, was Jesus zu sagen hatte.

„Ihr Männer sollt wissen, dass ich euch nie vergessen habe. Obwohl ich ein Baby war, als ihr kamt, um mir eure Anbetung und Geschenke zu bringen, hat meine Mutter mir die Geschichte von eurem Besuch viele Male erzählt. Ihr sollt wissen, dass sie bis zum heutigen Tag eure Freundlichkeit nicht vergessen hat."

„Wir sind es, die in ihrer Schuld stehen, Meister", sagte Eli. „Die von uns, die dort waren, erinnern sich an ihre Anmut. Es war ein Vorrecht, dass wir Zeugen der wundersamen Umstände deiner Geburt werden durften. Bitte sage mir, wenn ich das fragen darf, warum ausgerechnet uns diese Ehre zuteilwurde, und nicht Männern, die bedeutender sind als wir? Wir sind doch nur bescheidene Hirten."

Jesus lächelte ihm zu. Er blickte die beiden Jünger an, die er mitgebracht hatte.

„Das ist eine Lektion für alle", sagte er an die ganze Gruppe gewandt. „In meinem Reich wird Größe nicht nach den Maßstäben dieser Welt gemessen. Diejenigen, die rechtschaffen in Demut gewirkt haben, sollen von meinem Vater reich belohnt werden. Und viele, die die Welt für groß hält, werden leer ausgehen."

Der Jünger mit dem Namen Johannes wandte sich an Eli: „Wir haben gehört, dass es hier ein großes Massaker gegeben hat. Die Bewohner von Bethlehem verachten euch immer noch und geben euch die Schuld an der Tragödie."

Anam, der schweigend an Elis Seite saß, nahm jedes Wort in sich auf. Johannes' Aussage sprach das Dilemma der Hirten an, und Anam verstand jetzt voll und ganz, dass sie unschuldig daran waren, doch immer noch den Preis eines ungerechtfertigten Vorwurfs bezahlten.

„Das stimmt", erwiderte Eli, an Johannes gewandt. „Aber wir sind hier, um auf die Worte Jesu zu lauschen, nicht um uns mit den traurigen Erinnerungen eines alten Mannes auseinanderzusetzen."

Daraufhin blickte Jesus Eli voller Mitgefühl in die Augen.

„Sprich nicht schlecht von dir, mein Freund. Deine Geschichte ist wichtig für mich. Eigentlich war dies sogar einer der Gründe, dass ich hergekommen bin. Meine Mutter hat mir oft erzählt, dass sie gern wüsste, was aus euch geworden ist. Bitte erzähle es mir, damit ich ihr berichten kann."

Anam merkte, dass es Eli schwerfiel weiterzusprechen, und wie geduldig Jesus abwartete, bis der alte Mann seine Fassung wiedererlangt hatte. Jesus wirkte ganz und gar nicht fordernd, doch zeigte seine Ausstrahlung, dass er Autorität besaß. Einem Menschen wie ihm war Anam noch nie begegnet.

Schließlich sammelte sich Eli und begann zu reden. „Dein Jünger hat recht, Meister, es war tatsächlich eine Zeit des Blutvergießens und des Todes. Deine Mutter und Josef scheinen mit dir bereits geflohen zu sein, doch Herodes und seine Speichellecker wussten das offensichtlich nicht. In ihrem Eifer, zu vernichten, machten sie weder vor Hohen noch vor Niedrigen halt, und viele fanden durch ihre Hände einen vorzeitigen und grausamen Tod."

Eli wischte sich eine Träne aus den Augen. „Die Eltern dieser kostbaren Babys taten, was sie konnten, um sie zu schützen. Viele wurden in ihren erfolglosen Versuchen, das Blutvergießen zu verhindern, ebenfalls getötet. Ich selbst hatte eine Frau und ein Kind. Ich war nicht zu Hause, als die Soldaten kamen. Sie … sie …"

„Du brauchst nicht weiterzusprechen", unterbrach Jesus ihn. „Ich kenne den Rest der Geschichte. Deine Frau und dein Sohn starben. Du konntest sie nicht einmal beerdigen, weil die Leute der Stadt Steine auf dich warfen und dein Leben bedrohten."

Anam war verblüfft. Jesus schien alles über sie zu wissen, noch bevor sie es ihm erzählten. Und doch empfand er so unendliches Mitgefühl mit ihnen, dass er ihre Geschichten in ihren eigenen Worten hören wollte, um ihnen zu zeigen, wie sehr er sie liebte. Anam konnte den Blick nicht von ihm wenden.

„Aber meinen Glauben an dich habe ich nicht verloren“, sagte Eli, gegen die Tränen ankämpfend. „Die anderen Hirten und ich sind durch das ganze Land gezogen und haben allen, denen wir begegneten, erzählt, was der Engel uns gesagt hatte. Wir empfanden den Wunsch, ganz Israel mitzuteilen, dass der Messias zur Welt gekommen ist und dass ein mächtiger Engel Gottes dies verkündigt hat. Und das haben wir über viele Jahre hinweg getan.“

Zum ersten Mal ergriff Jakobus das Wort. „Und wie haben die Menschen euren Bericht aufgenommen? Haben sie ihn geglaubt?“

Eli schüttelte den Kopf. „Die meisten leider nicht. Wegen des Massakers und der Tatsache, dass wir diejenigen waren, die von der Geburt des Messias erzählt hatten, haben sie uns wie Übeltäter und Ausgestoßene behandelt. Wir wurden seither gehasst und verachtet.“

Langsam ließ Jesus seinen Blick von einem zum andern gleiten. „All diese Jahre habt ihr um der Wahrheit willen viel gelitten. Auch wenn es den Anschein gehabt haben mag, dass eure Bemühungen umsonst gewesen sind, das stimmt nicht. Denn ihr habt in dem Volk den Samen gepflanzt, den Weg für das Erscheinen des Menschensohnes bereitet. Viele werden das Heil schmecken, dank des bitteren Kelches, den ihr alle getrunken habt.“

Anam spürte, dass diese Worte Jesu wie der Balsam Gileads waren für die Seelen dieser treuen Männer, die ihr Leben der Ausbreitung der Botschaft gewidmet hatten, die sie durch den Engel von Gott bekommen hatten. Beinahe wie auf ein Zeichen hin begann die Gruppe, Jesus mit einem lauten Ruf zu huldigen: „Gelobt sei Gott!“ Endlich hatten sie Rechtfertigung gefunden.

Bis spät in die Nacht unterhielt sich Jesus mit den Hirten, einzeln und in kleinen Gruppen. Er beantwortete ihre Fragen und pflanzte in ihre Herzen die Liebe Gottes ein und die Verheißung seines kommenden Reichs.

Schließlich zogen sich die Männer in ihre Zelte zurück, Loblieder singend und dieses einzigartige Ereignis feiernd. Für die älteren Hirten war dies ihre zweite Begegnung mit Jesus. Dreißig Jahre zuvor hatten sie ihn das erste Mal aufgesucht, als er als neugeborenes Baby in diesem kalten, doch wundersamen Stall lag. Für die jüngeren war dies das erste Mal, dass sie in die Gegenwart des Messias traten, nachdem sie ihr ganzes Leben lang von ihm gehört hatten. Doch für alle war es ein Abend, der ihr Leben für immer verändern würde. Jesus hatte sie angerührt, wie die Strahlen der Sonne an einem warmen Frühlingsmorgen die Erde berühren.

Anam blieb allein mit Jesus zurück. Er hatte viel zu sagen, doch seine Ehrfurcht war so groß, dass er kein Wort über die Lippen brachte.

„Du bist aus einem bestimmten Grund hergekommen, Anam?", sagte Jesus. Er hatte es als Frage formuliert, aber in Anams Ohren klang es wie eine Aussage. Und Jesus hatte ja recht.

„Ja, Rabbi", erwiderte er. „Ich bin hergekommen, um herauszufinden, wer ich bin. Ich kannte weder meinen Namen noch meine Abstammung. Das alles weiß ich jetzt."

Jesus blickte Anam tief in die Augen. „Doch dein Herz hat noch keine Ruhe gefunden. Du bist gekommen, um Antworten über deine Abstammung zu finden, und die hast du gefunden."

Das stimmte. Anam war es, als würde noch ein Puzzleteilchen fehlen. „Mein ganzes Leben lang wollte ich meinen Namen kennen, und ich dachte, wenn ich ihn kennen würde, würde ich auch den Sinn in meinem Leben erkennen. Aber leider habe ich noch immer das Gefühl, ziellos zu treiben."

„Das Reich, von dem ich heute Abend gesprochen

habe, ist nicht von dieser Welt. Es ist von der zukünftigen Welt. Es ist ein großes Festmahl, zu dem alle eingeladen werden, aber nicht alle werden der Einladung folgen."

Anam verstand, was er damit sagen wollte. „Bin ich eingeladen?"

„Du hast es gesagt."

„Und soll ich dein Jünger werden?"

„Ist es das, was du glaubst, Stephanus?"

Zum ersten Mal hatte jemand Anam mit seinem richtigen Namen angesprochen. Ohne zu zögern, erwiderte er: „Mein Vater hat in den Schriften geforscht und ist für seinen Glauben an dich gestorben. Die alten Propheten haben dein Kommen vorhergesagt. Ja, ich glaube, dass du der verheißene Messias bist. Aber ich weiß nicht, ob ich würdig bin, dir nachzufolgen. Ich bin ein Mensch von geringem Wert."

Jesus lächelte und legte seine Hand auf Anams Kopf. „Stephanus, für Menschen wie dich bin ich gekommen. Du hast das Leben der Ausgestoßenen kennengelernt, und dein Herz macht sich eins mit denen, die leiden. Du wirst mir tatsächlich nachfolgen, und durch deine Taten wirst du dir einen besonderen Platz im Paradies erwerben, an der Seite deines Vaters."

Anam wunderte sich über diese Worte. Zum ersten Mal hatte er das Gefühl, einen Sinn in seinem Leben zu erkennen und einen ihm von Gott gegebenen Auftrag zu haben.

Am folgenden Tag kurz nach dem Aufstehen teilten Jakobus und Johannes den Hirten mit, dass sich ihr Besuch dem Ende zuneige. Jesus wollte weiterziehen. Eli sprach für die ganze Gruppe, als sie zusammenkamen, um sich zu verabschieden. „Wir sind traurig, dass du uns verlassen musst, Meister. Wir flehen dich an, bitte lass uns dich begleiten und dir dienen."

„Nein, ihr könnt nicht mitkommen. Ihr müsst in die andere Richtung ziehen. Dort sollt ihr mir dienen. Das Land ist groß und die gute Nachricht muss in ganz Israel verbreitet werden."

„Aber wir sind keine gebildeten Männer, Meister. Du musst uns lehren, ehe wir hinausziehen können in die Welt."

„Bevor ich zu euch kam", entgegnete Jesus, „habt ihr Hirten ohne Unterlass das Werk meines Vaters getan. Ihr habt weitergegeben, was der Engel euch gesagt hat, obwohl andere euch beschimpft und verfolgt haben. Geht jetzt und verkündigt weiterhin die Wahrheit, und lasst alle, die Ohren haben, sie hören."

Anam trat auf Jesus zu.

„Meister", sagte er und deutete auf die versammelten Hirten, „was wird aus diesen Männern? Sie haben schon so lange gelitten. Müssen sie auch weiterhin leiden, nachdem du jetzt hier bist?"

Jesus richtete seinen Blick auf Anam. „Viele werden um meinetwillen leiden. Einige werden sogar ihr Leben für mich geben. Und ihre Belohnung im Himmel wird groß sein."

Er wandte sich an die Hirten.

„In solchen Zeiten des Leidens und der Verfolgung denkt an das neugeborene Baby, das ihr in jener Nacht vor langer Zeit angebetet habt, und ich werde zu euch kommen. Weint nicht. Ich werde euch nicht alleinlassen. Eure Freundlichkeit wischte meine Tränen fort, als ich in der Krippe lag und weinte. Reicht meine Freundlichkeit nicht aus, eure Tränen abzuwischen? In dieser Welt wird es immer Hass und Gewalt und Leiden geben. Aber seid nicht traurig. Mein Friede möge euch beschützen und trösten."

Jesus umarmte jeden der Männer. „Was ihr in jener Nacht im Stall von Bethlehem gesehen habt, war der Beginn der Umsetzung des Planes Gottes, die Menschen mit sich selbst zu versöhnen. Zu Gottes Zeit wird alles seine Erfüllung finden. Aus gutem Grund wählte mein Vater im Himmel einen niedrigen Stall als meinen Geburtsort. Er wollte die Weisen dieser Welt verwirren. Sie sehen auf wohlhabende und einflussreiche Menschen und Paläste, aber Gott lässt sich davon nicht beeindrucken. Ja, ich sage euch, aller Reichtum und alle Macht dieser Welt sind nichts für ihn, der im Himmel wohnt. Er ist der Schöpfer aller Dinge und wünscht sich nur eines von denen, die er seine Kinder nennt: Dass sie ihn ohne Vorbehalt lieben und das Geschenk seiner Liebe annehmen, das er über sie ausgießt.

Tragt das Wort der Wahrheit weiter, das ihr empfangen habt. Geht und zündet das Feuer Gottes in den Herzen der Menschen an.

Auf Wiedersehen, meine Freunde. Bleibt fest in eurem Glauben an Gott und an den einen, den er gesandt hat, um die Welt zu erlösen. Ich werde bald zu euch zurückkehren."

Ohne ein weiteres Wort segnete er sie, und mit großer Freude in ihren Herzen sahen sie ihm und seinen Jüngern nach, als sie von dannen zogen.

Ein Wort des Autors

In der Bibel lesen wir, dass die Hirten von Bethlehem die Ersten waren, die von der wundersamen Geburt des Erlösers Jesus Christus erfuhren. Auf dieses einzigartige und freudige Ereignis folgte leider die Ermordung unschuldiger Kinder durch den eifersüchtigen und grausamen König Herodes. Es ist sehr wahrscheinlich, dass diese Ereignisse diese einfachen Männer für den Rest ihres Lebens nachhaltig geprägt haben.

Die Figur des Anam ist inspiriert von der historischen Gestalt, die als Stephanus bekannt geworden ist. Er war einer der frühsten Nachfolger Jesu und der erste christliche Märtyrer. Seine Geschichte ist in der Bibel (Apostelgeschichte 6–7) nachzulesen.

Nachfolgend eine Stelle aus der Bibel, die vom Tod des Stephanus erzählt. Sie beginnt damit, dass Stephanus den Pharisäern, den religiösen Führern, die Jesu Kreuzigung eingefädelt hatten, Vorwürfe macht.

„Starrköpfig seid ihr! Im Herzen seid ihr wie die Menschen, die Gott nicht kennen, und taub für die Wahrheit. Könnt ihr nicht endlich aufhören, euch dem Heiligen Geist zu widersetzen? Eure Vorfahren taten es und ihr macht es genauso! Nennt mir nur einen einzigen Propheten, den eure Vorfahren nicht verfolgt haben! Sie gingen sogar so weit, diejenigen umzubringen, die das Kommen des Gerechten prophezeiten, den ihr nun verraten und ermordet habt. Ihr habt Gottes Gesetz mit Absicht missachtet, obwohl ihr es durch die Hand von Engeln empfangen habt.“

Die Anschuldigungen, die Stephanus gegen sie erhob, versetzten die führenden Männer des jüdischen Volkes in maßlose Wut.

Doch Stephanus, vom Heiligen Geist erfüllt, blickte unverwandt zum Himmel hinauf, wo er die Herrlichkeit Gottes sah, und er sah Jesus auf dem Ehrenplatz zur Rechten Gottes stehen.

Er sagte zu ihnen: „Schaut doch, ich sehe den Himmel

offen und den Menschensohn auf dem Ehrenplatz zur Rechten Gottes stehen!“

Da hielten sie sich die Ohren zu, schrien mit lauter Stimme und stürzten sich auf ihn.

Sie schleppten ihn hinaus vor die Stadt und steinigten ihn. Die amtlichen Zeugen der Hinrichtung zogen ihre Mäntel aus und legten sie zu Füßen eines jungen Mannes mit Namen Saulus nieder. Während sie ihn steinigten, betete Stephanus: „Herr Jesus, nimm meinen Geist auf.“

Und kniend rief er: „Herr, rechne ihnen diese Sünde nicht an!“ Mit diesen Worten starb er.

(Apostelgeschichte 7, 51–59; NL)

Stephanus, aber auch die Hirten von Bethlehem, sind ein Bild für die ersten Christen. Ihr unerschütterlicher Glaube, selbst angesichts grausamer Verfolgung, trug dazu bei, die frühe Gemeinde aufzubauen, deren Anliegen es war, die Botschaft von Jesus Christus in die Welt zu tragen. Mein Gebet ist, dass sich alle, die Christus nachfolgen, von diesen ersten Christen inspirieren lassen. Sie haben als demütige und doch heldenhafte Verfechter des Glaubens gelebt und ihr Zeugnis ist heute genauso kraftvoll wie vor zweitausend Jahren.

MIX
Papier aus verantwortungsvollen Quellen
FSC® C083411

Originally published in English under the title „The Shepherds' Prayer" by RM Barry Publications, Englewood, Colorado.

1. Auflage 2016
Bestell-Nr. 817136
ISBN 978-3-95734-136-5

Umschlaggestaltung: Hanni Plato
Umschlagmotiv: gettyimages / Jose A. Bernat Bacete
Lektorat: Sarah Kleinknecht
Satz: Greiner & Reichel, Köln
Druck und Verarbeitung: CPI books GmbH, Leck
Printed in Germany

www.gerth.de